Edition BAES

Zirl: Edition BAES 2020

Umschlagfoto: Urs Heinz Aerni
(Raum 1913 im Hotel Schweizerhof Lenzerheide)

Layout: Alexander Augustin, Zirl
Herstellung: Books on Demand GmbH, Norderstedt

ISBN 978-3-9504833-3-8

Urs Heinz Aerni

Lugano – Konstanz

mit Umwegen nach Innsbruck, Lenzerheide, Nonnenhorn und …

Eine Art Feuilleton oder Sammelsurium als Buch

Edition BAES

Der Buchhändler
Autobiografisches Fragment

Zugenagelt. Blind sind die Schaufenster. So hinterlässt er sie, der Buchhändler. Dafür ist er voll, der Koffer. Mit Büchern, die er retten konnte, und mitnimmt. Den Rücken kehrt er den anderen zu: den Muskelmännern, die da kommen, die ausräumen und abreißen.

Der Buchhändler nimmt sie mit, seine Bücher. Die Menschen, die nicht mehr kamen, lässt er zurück. Schuhe sind jetzt wichtig, gute Schuhe. Denn damit geht er nun zu fremden Leuten, mit seinem Koffer und den Büchern. Warum auf Leute warten, die nicht kommen? Warum nicht zu Leuten gehen, die vielleicht warten?

Die Bücher hat er. Menschen, die Bücher wollen, sucht er nun, und verlässt die Stadt. Der Bus bringt ihn weg. Weg von Boutiquen und Parfümerien. Doch hin zu Wiesen und Höfen. Der Buchhändler zieht und schleppt den Bücherkoffer über Bahnsteige und Plätze.

Lesen? Bücher? Fragen die Menschen zurück. Ja, schöne und wunderbare Bücher, erklärt der Buchhändler. Mit Geschichten vom und fürs Leben, und mehr. An Brunnen, vor den Türen oder auf Plätzen, wo sie eben sind, die Menschen, spricht und erzählt der Buchhändler. Von Geschichten über Liebe und Hass redet er. Er schlägt seine Bücher auf. Er blättert und liest laut vor. Gute und

Böse streiten sich in seinen Büchern oder auch Lahme und Lustige. Schlimmes und Schönes geschieht in den Büchern, Wahres und Unwahres mischt sich. Die Leute hören und fragen. Der Buchhändler wundert und freut sich. Der Buchhändler gewinnt ihn zurück, seinen Stolz auf Beruf und Wissen.

Sie laden ihn ein zu sich in Stuben und Küchen. Der Buchhändler öffnet seinen Koffer in allerlei Häusern. Lesende Frauen, interessierte Männer und neugierige Kinder sind sein Publikum. Das Blaue vom Himmel liest er aus den Büchern, das Schwarze aus Seelen ebenso. Namen von Dörfern und Städten, die er nicht kennt, werden vertraut. Neue Plätze, Kirchen und Schul- und andere Häuser lernt er kennen. Die Menschen hören nicht nur zu oder bezahlen seine Reden und Bücher. Der Buchhändler stellt ihnen immer mehr Fragen. Sie beginnen zu erzählen, seufzend und lachend.

Da ist die Frau, vom Mann verlassen. Sie hat zwar ein großes Haus und liebe Kinder, doch der Mann will jetzt eine Jüngere. Da ist der Mann, der Menschen in Spitälern heilt, aber ratlos ist mit seiner Fantasie. Der Buchhändler staunt, und das nicht schlecht. Er hört hin und denkt dabei an die Geschichten in seinen Büchern.

Ganze Leben kriegt er da zu hören. Vom Mann mit tödlicher Krankheit und ansteckender Lebenslust. Von der Frau mit miesem Chef im Büro und blühendem Garten hinter dem Haus. Der Buchhändler dankt, reist und denkt nach. Im Zug liest er in seinen Büchern mit den Worten der Menschen im Kopf. An neuen Orten heißt man den Wanderbuchhändler willkommen, gierig auf seine Bücher.

Er giert nach ihren Geschichten. Öfter vergisst er zu verkaufen, stattdessen verschenkt er seine Bücher, um an die Geschichten der Menschen zu kommen. Sie reden viel und erzählen immer mehr ...
Der Buchhändler verliert den Laden und gewinnt Geschichten. Die Oma verliert sich in die Liebe, damals im Krieg. Der Student verliert sich in mathematischen Rätseln und kippt aus dem Leben. Der Bankier spart beim Benzintanken auf der anderen Seite der Grenze und vergeudet Strom für die Villa. Der Psychologe braucht den Psychiater, der Biogärtner heimlich Gift. Die Künstlerin lernt Thai für das nächste Mal, die Apothekerin töpfert in der Toskana Unbrauchbares. Der Bürgermeister wechselt über Nacht die Partei, seine Frau die Wohnung. Die Bibliothekarin liest keine Bücher mehr, der Lehrer weiß nichts mehr. Der Pädagoge schlägt zu, die Ärztin sagt Nein. Der Polizist hasst Fußball, der Fußballer die Fans. Der Antikschreiner repariert Computer, der Lkw-Fahrer sucht den Feuerlöscher. Die Kabarettistin verliebt sich in einen Besucher, die Literaturkritikerin verlässt den Geiger. Der Schriftsteller zeugt das siebte Kind mit derselben Frau, sein Bruder verliert beim Sport die Zähne. Der Journalist lächelt zum Richter und wird fotografiert. Der Starregisseur muss den Fahrausweis abgeben und gewinnt Ferien in Südfrankreich. Der Betrunkene hebt die Straßenbahn aus den Schienen und verliert das Leben. Der Kranführer nimmt sich freiwillig alles und baumelt himmelhoch. Der Architekt trägt ein zu dünnes weißes Hemd und nichts darunter. Das Blatt wendet sich zum falschen Zeitpunkt. Der Autor bleibt im Fahrstuhl stecken und erzählt es der

Welt. Die Sängerin liebt den verheirateten Bassisten. Der Gläubige findet Gott und verliert die Fassung. Der Suchende beantwortet zu viele Fragen. Der einarmige Trompeter genießt den zweihändigen Applaus. Der Schlagzeuger lächelt zur Sängerin, sie nicht zurück. Der Pilot hat alles im Griff, und keiner glaubt ihm. Der Anwalt beteuert seine Unschuld und wird trotzdem abgeführt. Sie liebt ihn über alles, und er ahnt anderes. Der Jäger trauert um den Hund. Der Feuerwehrmann spielt zu viel. Der Makler hat verspielt. Das Kind im Manne spielt auf.

Dergestalt mega

Ich las einen Roman, der sich in den 1930er Jahren in Berlin abspielte. Ich stieß auf eine Passage, in der ein Mann einen anderen fragte, ob ihm der soeben besuchte Anlass gefallen habe. Da antwortete der Andere: «Nicht wirklich.» Dann musste ich das Buch weglegen. Wissen Sie warum? Weil diese Wendung damals nicht üblich war, die kam erst so im 21. Jahrhundert im deutschsprachigen Raum auf. «Das geht gar nicht», dachte ich und hielt inne mit der Feststellung, dass auch diese Formulierung noch nicht lange bei uns gebräuchlich ist. Interessant ist, wie wir seit einigen Jahren uns erkenntlich zeigen mit «Ich danke Dir» und nicht mehr einfach nur «Danke» sagen und es mit «Gerne» quittiert bekommen statt «Gern geschehen». Eingebürgert hat sich die Rückmeldung in Restaurants bei der Aufgabe von Bestellungen mit «sehr gerne».

Die Sprache ist in Bewegung, mutiert sich, übernimmt von da einen Sound und woanders her ganze Satzteile. Spurenelemente zeugen von Herkunft und vergangenen Kulturen. So muss der Jugend erklärt werden, dass die «gemeine» Amsel nicht eine hinterhältige ist und die «Wählscheibe» eigentlich aus der alten Welt der Kommunikation stammt. Wir könnten uns doch mal vornehmen, dergestalt ältere aber noch taugliche Wörter zu verwenden, dass unser Gegenüber zur Feststellung gelangen könnte, wie mega cool es sein kann, wenn man versucht, mit archäologischer Manier aus dem Vollen zu schöpfen.

Hochachtungsvoll
Urs Heinz Aerni

Der passende Buchtipp: «Die deutsche Sprache – Ursprünge, Entwicklung und Wandel» von Herbert Genzmer, Matrix Verlag

Erschienen in: »Bündner Woche« 2019

Auf Anfrage der Verkehrsvertriebe Glattal AG (VBG) in Zürich sollte ich eine Geschichte schreiben, die sich der Ortschaft Dällikon widmet. Ich fuhr hin, sah mir das Dorf an und schickte dann diesen Text, der nun in dem Buch „Unterwegs – 25 Gute-Fahrt-Geschichten" erschienen ist.

Vom Zwang, schönen Sätzen hinterherzujagen

Arthur hat ein Problem, ein massives. Er liebt schöne Sätze. Er liebt sie so sehr, dass von einer Sucht gesprochen werden muss. Arthur leidet unter dem Zwang, schönen Sätzen hinterherzujagen und sie zu sammeln. Arthur leidet unter der Schön-Sätze-Sucht. Um stressfreie Phasen zu haben, saß er in seiner kleinen Wohnung, trank Tee und lauschte dem Straßenlärm, wohl wissend, wie viele interessante Sätze da draußen gesagt werden.
Ein Freund riet ihm, sich mehr zu bewegen, irgendwo, wo es nicht von schönen Sätzen wimmelt. Er riet ihm, einen Ort aufzusuchen, von dem gesagt wird, dass er zwar bewohnt sei, aber nirgends schöne Sätze zu finden seien. Da könne er mal in einem Dorf sein unter Passanten, aber bar jeglicher Gefahr rückfällig zu werden. Auf seine Frage, wo das denn sei, hieß es: «Dän … warte, nein Dällikon ist's. Genau, Dällikon. Da kommst Du prima mit der ÖV hin.»
Der Bus 491 hält, entfaltet die Tür, Arthur steigt aus. Nun steht er mitten in diesem Dällikon, bereits etwas irritiert, da er mit dem Bus zweimal an der Gemeindebibliothek

Regensdorf vorbeifahren musste. Wollte der Bus ihn vielleicht provozieren und fuhr extra zweimal da vorbei? Zum Glück war die Bibliothek zu.
Sei`s drum. Er sieht sich um. «Casa da Nico», eine Pizzeria. Ohne nach einer Zeitung zu verlangen, bestellt er eine Pizza Calzone. Erste Entzugserscheinungen stellen sich ein. Nichts zu lesen, geht irgendwie nicht, er steht auf, sieht sich um; keine Zeitungen, nichts. Glück gehabt, bis er auf einem Tisch ein Heft liegen sieht. Nach Blicken links und rechts, schnappt er sich dieses und setzt sich wieder, gierig aufblätternd. Er kannte das Heft nicht: «BEST OF KANTON ZÜRICH». Na ja, man liest halt, was in die Hände fällt. «Zürichs Offenheit und Vielfalt machen unsere Stadt einzigartig» schreibt die Stadtpräsidentin im Vorwort. Arthur stellt erleichtert fest, dass ein solcher Satz seine Sucht mitnichten aktiviert und blättert weiter. Er hält inne: «Mein Aktionsfeld bedingt ein laufendes Gagen-Verhältnis zu vielen Leuten.» Arthurs linke Braue beginnt zu zucken, was meint dieser Beat Schlatter damit? Irgendwie unorthodox formuliert. Denkt der nur ans Geld oder was …? Arthur muss sich beherrschen und stellt fest, dass er nicht mehr stöbert, sondern sucht, nach guten Sätzen. Die Pizza lenkt ihn ab.
Arthur geht durchs Dorf. Einfamilienhäuser mit Vorgärten, bewacht von kleinen fahrenden Geräten, die von Geisterhand über den sonnenverbrannten Rasen ruckeln. Arthur wird nervös, vor einem alten Haus bleibt er stehen und sieht hoch: «Sys Huus ist myn und doch nyt myn. Der nach mir komet dem wird's auch nyt syn. Ach Gott! Wer wird der Letzte syn» Das kann doch nicht wahr sein!

Dällikon wird dem Schön-Satzsüchtigen Arthur zum Verhängnis. Jetzt beginnt er zu rennen, auf der Flucht vor seiner Sucht, wieder bleibt er stehen: «Für die nachfolgenden Gräber ist die gesetzliche Ruhezeit von 20 Jahren abgelaufen. Die Ruhestätten werden im September aufgehoben.» Arthur entsinnt sich nicht, so etwas schon mal in einem Buch gelesen zu haben.
Weiter Arthur, lass Dich nicht reinziehen. Ein Plakat beim Gemeindehaus mit dem Titel «Sauhund? Sauerei!» übersieht er, doch schon fällt er in die nächste Satzfalle: «Wer die verlangte Mindestleistung das erste Mal und auch in der ersten bzw. zweiten Wiederholung nicht erreicht, gilt als verblieben und wird in einen Verbliebenenkurs aufgeboten.» Arthur schwankt, was für ein Satz, was für ein Wort! «Verbliebenenkurs». Schweißperlen auf den Unterarmen, die Brillengläser schlagen an. Ist Dällikon der falsche Ort für Schön-Sätze-Süchtige?
«Vom 1. Januar an können alle eintragungsbedürftigen aber nicht eingetragenen dinglichen Rechte gegenüber gutgläubigen Dritten nicht mehr geltend gemacht werden und verlieren, sofern sie nicht binnen zwei Jahren von dem gennannten Zeitpunkt an zur Eintragung gelangen, ihre Wirkung, auch unter den Parteien.» Was für ein schönes Konstrukt, hier, wo er doch vor solchen Zeilen floh! Arthur stolpert, weg von diesen Sätzen. Er fiebert durchs Dorf, seine Sinne gieren nach Sätzen. Jetzt steht Arthur vor einem Schaufenster: «Mediothek». Das wurde ihm verheimlicht, Dällikon hat eine Bibliothek, voll von Büchern mit schönen Sätzen! In der Auslage verheißen Schülerarbeiten Lese-Kicks; «Kleinkaliberschießen» von

einem Simon, 6. Klasse oder hier «Sun Diego / Spongebozz Gunshot», was für herrliche Wörter! Arthur klebt am Glas. «Ich muss da rein! All die Sätze, sie warten auf mich…» Wie Arthur es schaffte, in die Mediothek zu gelangen, ist bis zur Drucklegung dieses Textes nicht bekannt. Trotz intensiver Suche durch seine Therapeutin und die Behörden bleibt Arthur unauffindbar. Der gut gemeinte Ratschlag für einen Süchtigen nach schönen Sätzen, sich in Dällikon davon zu erholen, ist offensichtlich falsch. Falls Sie, liebe Leserin, lieber Leser, mit einem Patienten ähnlicher Symptome zu tun haben sollten, so schicken Sie ihn vielleicht nach Dänikon aber sicher nicht nach Dällikon.

Erschienen im Buch „Unterwegs – 25 Gute-Fahrt-Geschichten", VBG

Beobachtung im Zug

In Schwarz sitzen junge Leute mit allerlei Variationen von Frisuren zwischen langen Strähnen und kahl geschorenen Schädelflächen im Zugabteil. Hunde unter den Sitzen gähnen und schauen der Entleerung von Red Bull- und Bierdosen zu, als hofften sie, das Blech würde sich in blutige Knochen verwandeln.
Die Jungs reden über Sex und Zeugung: »Also ehrlich, ich möchte nicht während einer Gruppensexparty gezeugt werden.« Der andere schaut ihn verdutzt an. Die Ethik der Lebensentstehung; eine Frage, die sogar Zeitgenossen beschäftigt, die, was das Äußere betrifft, darauf bedacht sind, der Umwelt zu verstehen zu geben, dass sie auf gar nichts etwas geben.

Im Zug zwischen Luzern und Zürich

Relevante Aussagen

Die Stadt Zürich entschied, dass bei Polizeimeldungen nicht mehr automatisch die Nationalität der mutmaßlichen Täterschaft genannt werden soll, sondern nur noch auf Anfragen der Presse. Jetzt möchte eine bürgerlich-konservative Partei versuchen, diesen Entschluss wieder rückgängig zu machen. Nun, wie relevant sind solche Aussagen?

Ein Schweizer, ein Italiener und ein Serbe hätten den Überfall begangen. So steht's jeweils in den Zeitungen. Hilft es dem Lesenden? Nützt es? Wer will es wissen?
Wäre es auch interessant, zu erfahren, ob bei der Schlägerei oder beim Autounfall ein Appenzeller, eine Bündnerin und ein Aargauer involviert sind? Wieso nicht? Dann müsste es heißen: Bei der aufgrund von dichtem Nebel verursachten Massenkollision auf der A13 zwischen Sargans und Bad Ragaz waren Autolenker aus Luzern, Bayern, Solothurn und Vorarlberg beteiligt. In der Bündner Lokalpresse könnte doch darauf verwiesen werden, dass ein Engadiner, ein Prättigauer und ein Mann aus dem Bernina im Nachtclub nach Belästigungen des Personals verhaftet wurden.
Und im Dorfblatt müsste folglich erwähnt sein, dass die prügelnden Gäste in der Beiz von der Hinterhofstraße,

der Oberaustraße und der Mittelgasse kommen und einer sogar am Waldweg wohnt.

Urs Heinz Aerni, halb Solothurner und Zuger, im Aargau und Graubünden aufgewachsen und heute lebend in Zürich und Lenzerheide...

Der passende Buchtipp: »Woher wir kommen« von Barbara Frischmuth, Aufbau Verlag

Erschienen in der »Bündner Woche« 2018

Genug Gründe für Gründungen

Was haben wir gestaunt, ja gelacht über die Gründung einer Auto-Partei, einer Vereinigung von Autobesitzern, die sich auf politischer Bühne ihr Recht auf geteerte Lebenswege erkämpfen wollten. Jetzt gibt es aber auch eine Vereinigung der »Autofreien«, nach Jahren die entsprechende Reaktion also. Es werden auch Mitglieder aufgenommen, die »noch ein Auto« haben. Als autobefreiter Bahnbenutzer machte ich mir da schon Beitrittsgedanken, aber dann hielt ich inne. Mich stört ja so manches in unserer hoch zivilisierten Welt, und wenn all dem Ungemach des Alltags mit Vereinen, Parteien und Klubs begegnet werden müsste, so fänden wir uns doch laufend an Generalversammlungen wieder. Wenn mir so ein erdverkrusteter Biker auf dem Wanderweg auf 1500 Metern über Meer vor die Füße kommt, dann wäre ein »Klub der Wanderer gegen die Mountainbiker« fällig. Wenn neben mir ein unsäglich alter Schlagersong als Handyklingelton los trällert, dann ruf ich nach der »Partei gegen schlechten Musikgeschmack im Nokia-Format«. Wenn eine Bierdose auf dem Seewasser schaukelt, dann wäre ein »Verein gegen Dosen bei den Fischen« nötig, und wenn ein Laubbläser gegen liegende Baumblätter lärmt, dann gründen wir eine »Interessensgesellschaft gegen Hauswarte im GI-Look«.

Aber vielleicht gründen wir schlicht einen »Klub der vernünftigen Menschen, die die Umwelt schonen, besonnen genießen und zu künftiger Lebensfröhlichkeit aufrufen«? Oder noch besser, wir tun es einfach und lassen die Traktandensitzung fliegen.

Erschienen in: »Bündner Woche« 2019

Beruf ist nicht Beruf

Antoine de Saint-Exupéry nahm sich nicht das Leben, er wurde fliegend in seiner Kiste von einem deutschen Kriegsflugzeug abgeschossen. Gefundene Wrackteile im Meer und die Aussage eines ehemaligen deutschen Piloten im Greisenalter geben diese Information preis. Der alte Mann spricht mit betroffener Miene vor der Kamera über seinen damaligen Einsatz. Zu Boden blickend erklärt er, dass er nicht geschossen hätte, wenn er gewusst hätte, wer in der anderen Maschine saß, er habe diesen Autor gern gelesen und sehr geschätzt. Schätzte dieser Mann die Arbeit eines Spenglers, Architekten, Druckers oder Gärtners nicht? Glaubt dieser Mann, dass Saint-Exupéry nur ausgewählte Berufsgattungen ins Visier genommen hat? Soll ein Schriftsteller eine längere Lebensberechtigung im Kriegsfeuer haben als ein Butler oder ein Tierarzt? Hätten alle Schriftsteller im Kriegseinsatz ihre Maschinen mit Namen und Profession beschriften sollen? »Ich bin der bekannte Schriftsteller Soundso und bin mit dem aktuellen Roman noch nicht fertig. Schießen Sie mich nicht ab und freuen Sie sich auf mein nächstes Buch.«

»Achtung! Maschine K5, Sie werden von einem feindlichen Objekt verfolgt. Antworten.«

»Verstanden. Nehme Gegenangriff auf. Antworten.«

»Verstanden. Stopp! Sie haben Feuerverbot. Es handelt sich um den bekannten Lyriker Samuel Huber. Antworten.«
»Verstanden. Werde nichts unternehmen. Antworrrr...«
»K5! Können Sie uns hören? K5! Antworten Sie ...«

Erschienen in der »Bündner Woche« 2017

»Bauchkraulzentrale«?

In der Aargauer Zeitung äußerte sich die Kollegin Anne-Sophie Scholl sehr pointiert über das Kerngeschäft des Journalismus' unter dem Druck von Schriftstellern (bewusst hier auf die feminine Variante verzichtend), die eine nachhaltige Rezension ihres Buches erwarten oder mindestens eine Mitteilung, wenn ihr Buch auf einer Bestenliste gelandet ist. Ein hierzulande sehr bekannter Schriftsteller hätte sich mit einem Interview schwergetan, da er der Ansicht sei, dass eine Besprechung dem Verkauf seines Buches mehr diente. Und ein anderer Schriftsteller soll sich über die Auswahl des Bildes in der Zeitung geärgert haben und zudem hätte die falsche Person sein Buch besprochen und sie sei, trotz Einladung, nie bei einer seiner Lesungen erschienen. Die Kollegin gab dann folgendes zu verstehen: »Wir Journalisten schreiben für unsere Leserinnen und Leser. Wir sind nicht das PR-Büro der Autoren, die Bauchkraulzentrale auch nicht.«

Liebe Zunft der Schriftstellerei, fürwahr, wir alle haben das Pech, mit unserem Leben im Zeitgeist des schrumpfenden Feuilletons gelandet zu sein. Kulturredaktionen wandeln sich zu Abteilungen für Gesellschaft und People, die Printmedien versuchen die wegerodierenden Werbeeinnahmen und Abonnenten mit verdünnter Berichterstattung, pointierten Gastkommentaren, Lokalkolorit und Onlineangeboten wett zu machen. Ergo: Schluss mit ausufernden Rezensionen über Bücher, Kunst und Theater, hin zu Tipps und Interviews. Und da, wo es sich noch halten kann, das gute alte Feuilleton, werden überwiegend Bücher aus großen Konzernverlagen besprochen. So ist es nun, lieber Freund der Literatur und des Kulturjournalismus', wir texten in finsteren Zeiten bis wir uns alle in die passenden Nischen gekuschelt haben, so wie es die Vinyl-Schallplatten-Fans oder die Jazzfreunde mit ihrer CD-Sammlung uns vorgemacht haben.

Der passende Buchtipp: »Feuilleton – Schreiben an der Schnittstelle zwischen Journalismus und Literatur« von Hildegard Kernmayer und Simone Jung, Transcript Verlag

Erschienen in der »Bündner Woche« 2019

Wenn der Gärtner von Trump ablenkt

In dieser Kolumne wollte ich Sie über die Unterschiede der Parteien SVP, FPÖ und AfD informieren und warum Donald Trump mit seinem Intimleben Probleme hat. Als ich mich vor die Tastatur setzte, musste ich das Fenster schließen und mich ärgern.

Gleich nebenan warfen drei Männer zwei Benzin-Hochleistungs-Rasenmäher und einen Laubbläser an. Der Rasen, der dran glauben sollte, ist überschaubar groß, eher klein. Garten- und Häuserbesitzer sorgen sich immer weniger um ihren Umschwung. Das übernehmen stattdessen Firmen mit schwerem Geschütz, die im Firmenlogo oft ein Klee- oder sonst ein Grünblatt haben.

Man erinnere sich an die Zeiten, in denen der Hauswart mit der Zigarre im Mundwinkel den Vorplatz wischte oder als der Hausbesitzer am Samstag da und dort die Ästchen abzwickte. Heute haben die Eigentümer für solche und ähnliche Arbeiten keinen Nerv, den verlieren sie lieber im Büro oder auf dem Bike. Deshalb beschließen Eigentümerversammlungen, den »Profis« auf Auftragsbasis die »Gartenhege« zu überlassen. Blitzeblank schaut das dann aus. Im Intervall von wenigen Wochen stehen Männer unter den Bäumen und rechen die Erde von jedem Laub frei. Maschinell rasiert ein Arbeiter die Lavendelstauden in voller Blütenpracht anfangs August. Wohlverstanden,

ein Mitarbeiter eines Gartenunternehmens, das wohl im Herbst keine Aufträge annehmen kann.
Gut, da gibt es auch die Architektin, die um ihre Neo-Bauhaus-Wohnblöcke Natur- und Magerwiesen wachsen und nur zweimal jährlich mähen lässt; sie soll ja auch nicht unerwähnt bleiben. Im löblichen Sinne, versteht sich. Die Freude darob erblasst ziemlich schnell angesichts der neu erbauten Häuser mit zwei von Thuja-Hecken umzingelten Palmen als müsste bei jeder Biene und Wiesenblume Alarm geschlagen werden.
Ich glaube, wir sind soweit, dass Gärten durch die Pro Natura oder Greenpeace vor gewinnmaximierenden Gärtnern geschützt werden müssen. Kann es sein, dass der ehemalige Anwalt fürs Grüne dank Renditedruck zum Feind für naturnahe Oasen wird? Ja, klar, wir leben ja alle von Geld, Umsatz, Gewinn. Aber wir leben länger, besser und fröhlicher, wenn ökologische Vielfalt auch vor der Haustüre stattfindet. Liebe Unternehmen der grünen Zunft, wie wäre eine Verlagerung von Nullachtfünfzehn-Dienstleistungen auf naturnahe Pflege mit dementsprechenden Aufklärungs- und Beratungsangeboten? Könnte ein Markt sein...
Ich öffne das Fenster wieder, die Männer verladen beim Nachbarn die Geräte auf den Kleinlaster ... Ich wollte eigentlich über was Anderes schreiben, aber: geschrieben ist geschrieben.

Der passende Lektüretipp: »Blumenreiche Lebensräume und Wildbienen im Siedlungsgebiet«. Eine Broschüre ist für 4 Franken auf www.birdlife.ch zu haben.

Erschienen in der »Bündner Woche« 2019

Öffentliches Telefonieren

Entlassungen, Liebeserklärungen, Qualifikationsgespräche, Rechtsverfahren, intime Gesundheitsprobleme, ja Betreibungen waren schon Themen, die ich im Zug oder Bus live bei mir völlig fremden Menschen miterleben durfte. Es wird dergestalt laut telefoniert in der Öffentlichkeit, dass es für jeden Detektiv nur so eine Freude sein dürfte. Ist Ihnen auch aufgefallen, dass die Stimme an einem Telefon in der Regel deutlicher zu vernehmen ist als das Plaudern zweier physisch anwesenden Mitreisenden? Einmal saß ich im Tram und zu meiner Linken neben mir telefonierte eine junge und blonde Frau (das mit dem blond ist echt Zufall). Mit ihrem Freund. Es scheint gerade nicht so gut zu laufen mit den beiden. Sie redete laut und über alles. Es wurde immer stiller um uns herum, alle hörten mit, im Tram, als hätten sie alle ausgefahrene Antennen auf dem Kopf, voll auf Empfang. Die Frau vergaß sich und die Umwelt und redete intensiv auf ihre krisengeschüttelte Liebe am anderen Ende ein. Langsam allerdings begann es echt zu nerven, bis bei mir der Geduldsfaden riss und ich handeln musste. Ich rutschte etwas näher zu ihrem Handy hin und sagte mit tiefer Stimme: »Liebling, komm zurück ins Bett.« Alle schwiegen, die Frau auch, sie schaute mich kurz an und sagte: »Sorry Schatz, aber nein, ich kenne den nicht, wirklich! Ich bin im Tram...«

Ein Grinsen ging durch die Reihe der Fahrgäste und zum Glück musste ich an der nächsten Haltestelle aussteigen, noch bevor sie zu Ende telefoniert hatte. Ob sie mit ihrem Freund heute noch zusammen ist?
Auf jeden Fall meine Damen und Herren, nehmen Sie sich in Acht, wenn sie in meiner Anwesenheit irgendwo über Dinge telefonieren, die mich nichts angehen.

Der passende Buchtipp: »Telefonieren – Professionelle Gesprächstechniken« von Holger Backwinkel und Peter Sturtz, Verlag Haufe Lexware

Erschienen in der »Bündner Woche« 2019

Fasnacht? Also echt jetzt!

»Schreiben Sie doch was über Fasnacht.«
Ganz ehrlich jetzt? Ist echt nicht so mein Ding. Obwohl ich ein der Fröhlichkeit zugeneigter Zeitgenosse bin, fliehe ich vor Konfettischlacht, Guggemusik und herumtanzenden Maskierten. Auch wenn ich als kleiner Bub in Cowboy-Montur im Dorf mein Unwesen trieb und später in verrauchten Restaurants das Gelächter und Halligalli noch lustig fand, entschwand im Laufe der Jahre mein Interesse, diesem Treiben einen Sinn oder eine Art Kultur abzugewinnen. Als Ladenbesitzer musste ich damals in Basel vor dem Morgestraich alle Lämpchen ausmachen und das Schaufenster lichtmäßig so abdichten, dass ja nichts die Gasse zu erhellen vermochte. Sonst musste mit einer Buße gerechnet werden. Ok, die Schnitzelbänke brillieren teilweise mit ihrem politisch-karikierendem Witz, aber Hand aufs Herz: Was soll das Lärmen und Krachen mit all der Wein- und Bierschwemme? Eine Art Ventil, ein Gegenmittel zur Alltags-Vernünftigkeit? Bekanntlich stammen Karneval, Fasching oder Fasnacht von den uralten Bräuchen rund um die Vertreibung des Winters respektive der bösen Geister ab, die die Kirche dann in sogenannte christliche Symbolik umwandelte und noch das Fasten herausstrich, wohl analog zur Beichte, die alles wieder ins Lot brachte, nachdem die Sau rausgelassen worden war.

Ich habe ja auch Mühe mit der überregulierten und leistungsorientierten Gesellschaft, die nur noch auf Karriere und Rentabilität pocht. Vielleicht hilft die Fasnacht, aus diesem Hamsterrad auszubrechen, aber nach Aschermittwoch steigen ja alle wieder in dasselbige hinein. Kann es sein, dass man während der Pause zwischen zwei Fasnachten gut daran täte, mehr zu leben, zu genießen und nicht alles so tierisch ernst zu nehmen?
»Schmutziger Donnerstag« hieß der Schweizer TATORT 2013, der mitten in der Luzerner Fasnacht spielt. Es habe damals Streit gegeben über den Ruf der Stadt mit ihrem urtypischen Fest. Unter etwas chaotischen Umständen musste gedreht werden, aber genau diese Folge, die ja massiv unter Kritik stand, soll zu den besten Luzerner TATORT-Sendungen gehört haben …
Okay, wenn die Fasnacht den Ruf einer Schweizer Krimiserie zu retten vermag, dann ist das auch nicht schlecht. Aber trotzdem, diese Fasnacht … ist echt nicht mein Ding.

Der passende Buchtipp: »Der Karneval der Tiere« nach Camille Saint-Saëns von Roger Willemsen und Volker Kriegel (Illustrationen), S. Fischer

Erschienen in der »Bündner Woche« 2019

Darf es was Bestimmtes sein?

Die einen sagen: Die Buchhändlerinnen sterben aus. Die Anderen behaupten: Diese Leute stehen immer neu auf und zeigen starke Nerven für die gute Sache des Lesens und die Unmöglichkeiten der Kundschaft. Beobachtet in einer Großbuchhandlung:

»Sagen Sie, wo finde ich die Reiseabteilung?«
»Woher soll ich das denn wissen?«
»Wie reden Sie mit mir?!«

Bevor es lauter wurde, musste eine Buchhändlerin eingreifen, denn an einem so genannten Info-Desk mitten in der Großbuchhandlung, an der auf beiden Seiten Angestellte und Kunden stehen konnten, kamen die beiden sich fast in die Haare. Denn ein Kunde meinte, dass die andere Kundin eine Buchhändlerin sei. Zu meiner buchhändlerischen Zeit fragte mich eine Kundin: »Ich weiß weder den Namen des Autors, noch den Titel oder den Verlag, aber es ging um Liebe.« Ich führte die Dame vor das Regal und versprach ihr einen guten Preis für das ganze Sortiment, denn wo kommt die Liebe nicht vor?

Es gab Tage, da arbeitete ich in einem so großen Laden, dass solche Fragen nicht ungewöhnlich waren:

»Suchen Sie was Bestimmtes?«
»Ja, den Ausgang.«

oder

»Kann ich Ihnen behilflich sein?«
»Ich suche meinen Mann.«
»Die Sportabteilung ist da drüben, und die Computer stehen da hinten.«

Doch meine Lieblingsfrage, die mir von einer Kundin gestellt wurde, ist:
»Ich hätte gerne die Autobiografie von Wilhelm Tell.«
Was hätten Sie, liebe Leserin und Leser, geantwortet?

Der passende Buchtipp: »Tagebuch eines Buchhändlers« von Shaun Bythell, BTB

Erschienen in der »Bündner Woche« 2019

Kippende Stimmung im stehenden Zug

Nichts geht mehr. Rucksack, Zeitungen und Handys liegen am Boden. Das Licht flackert, der Zug steht still. Mit einem »Hoppla!« bücke ich mich nach den Sachen im vordersten Waggon der Gotthard-Matterhorn-Bahn, oberhalb von Sedrun.

Stille, etwas Ächzen in den blechernen Wänden.

Ich ziehe die Fensterscheiben runter und blicke nach vorne zur Lok. Sie steckt im Schnee, der sich genau bei der Ausfahrt einer tunnelartigen Galerie breit machte. Eine junge Frau betritt das Abteil: »Hier brennt wenigstens noch Licht, bei uns ist es duster.«

Sie zieht aus ihrem Rucksack zwei Bücher. »Hier kann ich wenigstens lesen, bis wir wieder draußen sind«.

Die Bücher tragen die Titel: »Das kleine Buch der Ruhe und Gelassenheit« und »Das Leben ist zu kurz für später«. Dann stolpern drei Männer in voller Ski-Montur ins Abteil, die den Zug irgendwie verlassen wollen, was aber nicht geht.

Wir alle kommen ins Gespräch. Die Frau ist Marketingexpertin bei einem Großverteiler, die drei Männer lernten sich über ein Online-Portal für Bergferien kennen, zwei aus Frankfurt, einer aus Basel. Und während ein sehr um unser Wohlbefinden bemühter Kondukteur uns allen einen Getränke-Gutschein fürs Bahnhofbuffet verteilt, zeigt sich eine niederländische Familie großzügig mit leckeren Keksen.

Drei Stunden stecken wir hier fest, und die Stimmung wird immer besser. Irgendwann werden wir rückwärts nach Sedrun zurückgezogen und steigen in eine Bar auf Gleisen ein, in der wir die Gutscheine einlösen, bei einem unglaublich witzigen Barkeeper, der so richtig Ballermann-Schlager aus den Lautsprecherboxen scheppern lässt.

Nicht oft herrscht in der Bahn solch ausgelassene Stimmung, in der über das Leben und den Sinn desselben geplaudert wird. So geschehen am 22. Februar 2019.

Liebe Bahn, falls wieder mal irgendwo vor einem Tunnel Schnee liegen sollte, so ruft mich an, damit ich wieder einsteigen kann.

Die passenden Buchtipps von der Dame aus dem Zug im Schnee lauten: »Das kleine Buch der Ruhe und Gelassenheit« und »Das Leben ist zu kurz für später« beide von Ashley Davis Bush (Heyne und MVG)

Erschienen in der »Bündner Woche« und »Zeitpunkt« 2019

„Wenn Du Deine Heimat besingen müsstest"

Die Schriftstellerin Angelika Polak-Pollhammer stellt Urs Heinz Aerni Fragen zu seinem Lesen, Erfahrungen mit Schreibenden und über das Wort Heimat, aber nicht nur.

Angelika Polak-Pollhammer: Gibt es diesen einen Moment in deinem Leben, den du mit deinem Schreiben in Zusammenhang bringst, der sozusagen den Beginn markiert, und was oder wie war dieser?

Urs Heinz Aerni: Schreiben und Leben hängen nicht zusammen, sondern machen das Leben aus, wie Wandern, Schlafen, Reden oder Duschen. Mit anderen Worten, die Verwendung von Sprache und Schrift ist Teil des ganzen Lebens, und wenn mir diese beiden Sachen genommen würden, wäre es eine Amputation.

Polak-Pollhammer: Wie heißt dein Lieblingsbuch und warum ist es dein Lieblingsbuch? Was bzw. welche Szene darin hat dir besonders gefallen?

Aerni: Es gibt Bücher pro Lebens- oder Gemütsphasen. In Lugano blätterte ich als blutjunger Mensch die „Schachnovelle" von Stefan Zweig auf, die mir ein Freund schenkte: hin und weg war ich vom Sog der Geschichte. Dann kam

Thomas Mann mit „Tod in Venedig" oder „Zauberberg" etc. Meine Lesevorlieben haben sich mit den Jahren verändert, heute steht nicht mehr die Story im Vordergrund, sondern die Erzählkunst und Betrachtungsweisen. Ein Roman, der bei mir im Regal einen Sonderplatz bekam, ist „Hungertuch" von Martin Stadler, der darin eine Welt aufschlägt mit unglaublich vielen Charakteren und erzählerischen Strängen und zeigt, dass die Geschichten eines Bergdorfes welthaltig sind.

Polak-Pollhammer: Worüber würdest du gerne einmal schreiben und warum hattest du noch nicht die Gelegenheit dazu?

Aerni: Großen Spaß würden mir meine Memoiren machen, gespickt mit Anekdoten aus Situationen und Begegnungen. Aber das aktuelle Leben verläuft noch zu unruhig für ein solches Projekt...

Polak-Pollhammer: Deine Lieblingsspeise und warum?

Aerni: Habe zu viele Leibspeisen, und Fleisch genieße ich nur noch, wenn ich weiß, woher es kommt und wie es entstand.

Polak-Pollhammer: Was fasziniert dich an der Ornithologie und welcher Vogel ist dir am liebsten?

Aerni: Schon als Junge stand ich mit Fernglas auf Wiesen und in Wäldern, während meine Freunde am Moped oder Fahrrad herumschraubten. Warum ich die Vögel entdeckte, weiß ich eigentlich nicht, nur dass sie immer wieder überraschen mit ihren Lebensweisen und dass es für viele Arten nicht zum Besten steht. Die Wasseramsel ist eine grandiose Taucherin und wenn ich sie im Winter auf schwimmende Eisschollen in Bergbächen stehen sehe, dann ist das ein Bild für die Götter.

Polak-Pollhammer: Wenn du eine Reise geschenkt bekommen würdest, wohin ginge sie und mit wem?

Aerni: Mit meiner Liebsten würde ich gerne Österreich, Südtirol und endlich mal Skandinavien richtig entdecken.

Polak-Pollhammer: Gibt es ein Erlebnis, das dich in deiner Rolle als Vermittler zwischen Autoren und Verlegern besonders berührt hat?

Aerni: Berührt? Irgendwie passt das Wort nicht, eher erfreut, wenn gelungene Manuskript-Vermittlung im Vor- oder Nachwort des Buches verdankt wird.

Polak-Pollhammer: Bei deinen Lesetouren, als Veranstalter oder Moderator triffst du auf viele Menschen. Gibt es eine Begegnung, die dir in Erinnerung geblieben ist?

Aerni: Als Markus Werner zu Gast beim Festival Sprachsalz in Hall in Tirol war, saßen wir sehr lange in die tiefe Nacht zusammen und er meinte, dass ich eine verblüffende Ähnlichkeit mit Roger Willemsen habe, nur ich sei ihm sympathisch ...

Polak-Pollhammer: Du bist Schweizer. Wenn du deine Heimat besingen müsstest, welche Art von Lied wäre das? Wovon würde es handeln?

Aerni: Ich würde über die Lust singen, auszuziehen, die Natur und die Landschaft zu erwandern. Das würde ich auch als Tscheche, Norweger oder Malteser. Vielleicht im Sound von Blues und Jazz.

Polak-Pollhammer: Zum Abschluss: Welche drei Dinge nimmst du mit auf eine einsame Insel?

Aerni: Also, wenn Du von „Dingen“ redest, also Menschen und Tiere ausschließt, dann wäre das ein Schweizer Taschenmesser, mein Fernglas und ein dickes Buch mit nur leeren Seiten, damit ich es vollschreiben kann, da ja nun Zeit vorhanden wäre. Ah, ein Bleistift natürlich noch, also vier Dinge ...

Angelika Polak-Pollhammer*, geboren 1974, lebt und arbeitet in Imst (Tirol, Österreich). Sie publizierte in der Literaturzeitschrift DUM und MORGENSCHTEAN, mit Annemarie Regensburger „Ehe der letzte Schornstein fällt – Südtiroler Optanten in der Fremde“ (2016, Athena), mit Maria Koch „Eppes tuet sig“ (2016, Kyrene), in der Anthologie „Über die Jahre“ (2018, IG AutorInnen Tirol) und „flarn wind gnuag platz darzwischen“, Dialekt-Gedichte, 2018, Kyrene). Kennengelernt haben sich die beiden an einem Podium der IG Autorinnen und Autoren Tirol in Innsbruck.*

Eine Beobachtung während eines Jazzabends

Mir ist endgültig aufgefallen, dass ein bestimmtes Phänomen nicht nur die Jugend kennt. Also das war so: Eine Jazzband kündigte in einer Kneipe ein Konzert an. Ich habe die schon mal gehört und war begeistert, wie genau und fantasievoll die komponieren und ihren Funk-Jazz-Stil wuchtig mit viel Verve zum Besten geben.
Nun, ich verschickte eine Rundum-E-Mail an ausgesuchte Bekannte und Freunde, von denen ich dachte, dass sie an dieser Musik genauso Spaß haben könnten wie ich. Sicherheitshalber reservierte ich gleich mal einen Tisch für fünf bis acht Personen. Erfreulich war, dass tatsächlich alle Stühle besetzt wurden. Die einen bestellten ihren Drink, die anderen Pasta oder Pizza. Die Stimmung war fröhlich und alle schienen sich auf das Konzert zu freuen. Beim Jazz ist es ja so, dass während der Musik auch gegessen oder das eine oder andere Wort gesagt werden kann. Die sechs Musiker nahmen hinter den Instrumenten ihre Position ein und nach dem Begrüßungsapplaus stellte der Bandleader seine Kollegen vor, und dann legten sie los.
Der Groove ging ins Blut, der Rhythmus bannte einen sofort, verspielt und clever zugleich lösten sich Piano, Sax und Gitarre bei den Soli ab, und Percussion, Schlagzeug und der Bass schienen die ganze Band von unten her richtig einzupacken.

Aber, liebe Leserin und lieber Leser, was geschieht bei gewissen Anwesenden, die sich doch so zwischen dem 40. und 60. Altersjahren befinden? Sie greifen, während die Musiker da vorne Gas geben, zum Smartphone und scrollen durch ihre Facebookseiten und checken E-Mails. Wir saßen in der ersten Reihe, die Band gab alles und Eintritt zahlende Gäste spielen an ihrem Handy rum, als hockten sie in einem Wartesaal. Ich wusste nicht, was ich davon halten soll. Doch alle applaudierten am Schluss, und als ich vorsichtig fragte, wie es ihnen denn gefallen habe, meinten die Handymenschen, dass sie das Konzert großartig fanden …

Um diese Band geht es, deren Musik ich zur Entdeckung empfehle: ***Journeys,*** *mit Philippe Mal am Sax, Willy Kotoun an der Percussion, Ueli Gasser an der Gitarre, Robert Mark am Schlagzeug, Angela Signore am Keyboard oder Klavier und Luciano Maranta am Bass.*
Und diese CDs sei Ihnen ins gute Abspielgerät empfohlen: »Transit« und »New Destination« *www.journeys.ch*

Erschienen in der »Bündner Woche« 2019

Muss Schreiben legitimiert werden?

Soeben komme ich zurück aus Innsbruck. Dort unterhielt ich mich an einem Podium mit Autorinnen und Autoren über Fragen wie: »Wie gelingt es mir, zeitliche und örtliche Schreiboasen zu finden?«, »Wie viel Struktur braucht ein literarischer Text?«, »Wie finde ich einen Verlag?«, »Was macht ein guter Verlag für mich?«, »Warum wird mein Buch in den Medien nicht wahrgenommen?«, »Auf was ist bei einer öffentlichen Lesung zu achten« oder »Ist Schreiben ein monologischer oder dialogischer Akt?«

Meine Seminare als Literaturagent an den Volkshochschulen sind stets gut besucht und ich beginne jeweils mit den Worten: »Meine Damen und Herren, Sie wissen, dass die Welt auf Ihr Buch wartet.« Ein Lachen geht durchs Auditorium, weil sie wissen: die Welt ist voll von Büchern. Aber, das ist gut so! Schreiben gehört zu den wichtigsten Künsten über die der Mensch verfügt. Schreiben ist der Versuch, zu verstehen, zu begreifen, einzuschätzen, abzuwägen, zu bewältigen und ist ein Mittel für Gegenmaßnahmen. Schreiben ist ein Umkehrschub, der die innere Welt gegen außen stülpen lässt, ein proaktives Agieren. Texte lassen in Seelen blicken, sie lassen erkennen, was in Herz und Sinn des Verfassenden rumort. Texte widerspiegeln Zeitgeist, sie verändern sich analog zur Mediennutzung. Niedergeschriebene Sprache mutiert sich in die Formen der Medien. Das schöne dicke Buch lässt sich noch immer in den Händen von lesenden Menschen finden, im Wartesaal oder auf der Parkbank. Lesende halten sich oft in dichtgedrängten S- und U-Bahnen oben mit einer Hand fest und mit der anderen scrollen Sie Texte auf dem Smartphone. Ohne Text, keine Gesellschaft. Ohne Sprache keine Welt.

An dem erwähnten Anlass in Innsbruck überraschte mich eine Frage besonders: »Wie legitimiere ich mein Schreiben?«
Wie bitte?
»Ja, meine Freunde und Familie tun sich schwer zu akzeptieren, dass ich viel Zeit fürs Schreiben verwende, zumal ich damit nicht mal Geld verdiene.«
Unglaublich, nicht? Da lassen andere teure Drohnen starten, reisen ihrer Fußallmannschaft hinterher und basteln stundenlang an ihrem Opel Manta rum, alles unter dem Akzeptanz-Titel »Hobby«.

Liebe Schreibende, bleiben Sie dran, lassen Sie nicht nach, tun Sie's weiter und schenken Sie der Welt neue Texte.

Erschienen in der »Bündner Woche« 2018

Der passende Buchtipp: »Frauen, die schreiben, leben gefährlich« von Elke Heidenreich, Insel

Schöne neue genormte Welt

Jede Treppe hat dieselbe Stufenhöhe, alle Briefumschläge und Briefpapiere sind in der Größe definiert. Instanzen wie das Deutsche Institut für Normierung geben Maße und Formen vor, in denen wir uns bewegen und arbeiten. Die DIN ISO 272 beispielsweise regelt bei der Luft- und Raumfahrt die Aufbockpunkte am Luftfahrzeug. DIN ISO 7331 widmet sich den Skistöcken im Alpin-Skilauf in Bezug auf die sicherheitstechnischen Anforderungen. Wie heißt die Nummer für den Leitfaden bei der Behandlung von Reklamationen in Organisationen? Genau das ist die DIN ISO 10002. Noch ein Beispiel? Gerne: da wäre DIN ISO/IEC 28360 für die Ermittlung der chemischen Emissionsraten von elektronischen Bürogeräten. Als die EU wollte, dass jedes Restaurant Olivenöl nur noch in geschlossenen Flaschen auf den Tisch stellen soll, hagelte es Proteste. In Zürich stieß der Entscheid des Stadtrates, einen gut laufenden Imbissstand an der Limmat abzureißen, weil er nicht ins Stadtbild passe, auf Unverständnis.
Die Kultur des Normierens zieht auch immer mehr in das Gesundheitssystem ein, durch definierte Höchst- oder Tiefstwerte von Cholesterin, Zucker oder Eisen. Die Menge an absolvierten Schritten, die mindestens nötig sind, um fit zu bleiben mausert sich zu einer Doktrin. Ein Arzt sagte einem älteren Patienten, dass das Medikament an

über 600 Klienten in seinem Alter getestet wurde. Der Herr antwortete: »Aber da war ich ja gar nicht dabei.«

Der Normen-Wahn führt dazu, dass die Individualität neutralisiert wird, oft so, dass die Opfer es gar nicht bemerken. Zeigen Sie mir einen »Einzelkämpfer« ohne die Tattoos am Nacken, Oberarm oder oberhalb seinem Hintern. Ich rasierte meinen Fünftage- und später Vollbart ab, als ich mich in der Stadt nur noch Bärtigen gegenübersah. Seit Fußballer Ihre Haarpracht seitig wegschneiden aber oben in die Höhe gestalten lassen, wähne ich mich in nicht wenigen Lokalen inmitten von Fußballern. Die Dekoration der Nachrichtenstudios der großen Fernsehanstalten gleicht sich dergestalt an, dass nur noch die Sprache individuell zu sein scheint. Es macht sich ein Einheitsbrei breit, in Sachen Lebensführung, Alltagssprache, Outfit ja bis hin zur Messlust jedes Pulses im eigenen Körper. Man will wissen, wie viele Schritte pro Tag, wie viele Pulsschläge in der Minute und wie viele Orgasmen im Monat erledigt wurden. Alles muss gezählt, gespeichert, ausgewertet und registriert sein. Um daraus wohl wieder neue Normen zu definieren.

Auf eine fehlende Norm bin ich allerdings sauer. Das Elektrokabel und die Kopfhörer des neuen iPhone passen weder ins alte iPad geschweige in ein anderes Smartphone!

Der passende Buchtipp: »DIN EN ISO 14001:2015 – Vergleich mit DIN EN ISO 14001:2009, Änderungen und Auswirkungen – Mit den deutschen Texten der Normen« von Bernhard Schwager und Katherina Wührl, Beuth Verlag

Erschienen in der »Bündner Woche« 2018

Luftige Migration

Oder wie es dem Menschen bald gelingen wird, auch den Zugvögeln Grenzen zu setzen

Der Sprung ist vielleicht ihre größte Reise

Elf Küken springen dreißig Meter tief aus dem Festungsloch eines Schlosses im schweizerischen Aargau. Vor zwei Tagen aus dem Ei gepellt und schon knallen sie auf dem Kiesboden auf, wie Tennisbälle. Der Bauer staunt, die Katze faucht und ein Straßenarbeiter dreht sich um. Die elf Gänsesäger-Küken richten sich piepsend auf und schauen zu, wie die Mutter vor ihnen landet. Nun watscheln alle Richtung Bach durch Gärten, Wiesen und über eine Hauptstraße. Sie überleben alle. Vor einem Jahr schaffte es fast keiner, dafür wurden die Krähen satt.

Windmühlen gegen den Vogelzug

Es ist doch verrückt, dass Zweig- und Rohrsänger tausende Kilometer hinter sich bringen, nur um hier Insekten zu fressen und die nächste Generation ins Nest zu setzen. Alles Wirtschaftsflüchtlinge, die ohne diese Reise nicht überleben könnten. Ein komplexes Atmungssystem, das eher einem Dudelsack gleicht, befähigt Vögel zu Höchstleistungen in dünner Luft, so dass auch mal ein Himalaya-Bergsteiger Gänse über sich hinweg ziehen sieht. Vögel, die Insekten fressen statt Beeren und Samen, müssen dahin, wo auch zwischen November und März das Richtige auf dem Speiseplan steht. Die Zivilisation scheint dieses Gewohnheitsrecht verhindern zu wollen: Strommasten fangen Störche ab, Windräder schlitzen Flussseeschwalben auf, Malteser schießen sich Feldlerchen in den Kochtopf und Alpensegler geraten in die Düsen von Flugzeugen.

Warum in die Ferne schweifen

Als ich diese Zeilen einem Biologen vorlas, meinte er, der Begriff »Reisen« passe nicht zu den Vögeln, da damit eher Bildungs- oder Erholungsreisen gemeint seien. Aber reisen wir nicht oft auch aus Widerwillen? Arbeitssuche, Verwandtenbesuche, Beerdigungen bis hin zur Flucht vor Unterdrückung, Hunger und Krieg. Das Reisen zur Erholung und Weiterbildung begann erst mit den Briten im ausgehenden 19. Jahrhundert.

Vögel haben Gründe für ihre Reisen – und die ändern sich. Rotmilane stellen fest – um es in uns vertraute Worte zu fassen –, dass der Schnee immer mehr ausbleibt und so die Sicht auf herumlaufende Mäuse offenlässt. Störche scheinen sich den Aufwand für ihre Reise an die Feder zu stecken, wenn die Sümpfe nicht mehr gefrieren und die Felder auch im tiefsten Winter alles bieten. Stare sind schon länger Pendler, die sich immer wieder relativ spontan für Norden und Süden entscheiden. Der Wandel des Klimas lässt also die Vögel nicht kalt, sie reagieren.

Was wird mit den Gästen aus dem Norden geschehen? Zu Tausenden bewohnen Reiherenten Europas die hiesigen Seen im Winter und bieten nicht nur ein bezauberndes Bild, sondern halten die Wandermuschelbestände im

Zaum. Die aus Norden kommenden Rotkehlchen ersetzen im winterlichen Wald den Gesang derjenigen, die gen Süden zogen. Im Frühling ist dann Schichtwechsel, dann, wenn die Nordischen wieder nach Hause ziehen und die Heimischen aus dem Süden kommen.

Aber auch der Ruf als Transitland für Zugvögel steht auf dem Spiel. Millionen von Bergfinken überziehen unsere Breitengrade und immer wieder schmücken einige Kraniche unsere Moorgebiete bei einer Rast auf ihrer langen Reise. Vögel mit Namen wie Sichelstrandläufer oder Mornellregenpfeifer verzücken Ornithologen, wenn sie als Durchzugsgäste zu sehen sind.

Ein paar Fakten zum Vogelzug

- Noch immer ist die Navigationstechnik der Zugvögel ein weites Forschungsfeld. Wie stark die topografischen Verhältnisse oder die Sternekonstellation oder das Learning by Doing eine Rolle spielen, ist unklar und variiert je nach Art. Während die Jungtiere bei Störchen und Kranichen mit den Erwachsenen mitfliegen, muss der elternlose Kuckuck alleine den Weg in den Süden finden.
- Extreme Wetterverhältnisse können Vögel von der Flugroute abbringen, so kam auch schon mal aus Versehen ein Meisenwaldsänger aus Nordamerika in Westeuropa an.
- Sogenannte Kurzzieher, wie die Haubenlerche, fliegen nach Südeuropa oder Nordafrika, Langzieher, wie der Berglaubsänger, zieht es bis südlich der Sahara, Südafrika oder gar Südostasien. Vertikalzieher bleiben zwar im Land, aber überwintern eher in tieferen Lagen, so zum Beispiel der Mauerläufer.

- Stare bringen gerne auch mal Geräusche mit aus dem Süden. So kann es vorkommen, dass die nachahmungsfreudigen Vögel einen arabisch anmutenden Geräusche-Teppich hinter die blühenden Obstbäume im Thurgauer Hinterland legen.

Die Natur zieht sich in Reservate zurück

Der Mensch scheint alles daran zu setzen, dass Vögel nicht mehr ziehen können. Damit Vögel zwischen Skandinavien und Afrika oder Südostasien pausieren können, brauchen sie passende Orte – Seen, Feuchtgebiete, Moore, Flachgewässer, weite Brachlandschaften, Kies- und Sandbänke. Doch die Kulturlandschaft verwandelt sich zunehmend in ausgelaugte Felder für die Nahrungsmittel- und Biogasindustrie. Die Zersiedelung der Restlandschaft vernichtet grünes Land im Stundentakt. Die Gärten um die Häuschen und Wohnblocks sind ohne Naturwert: Monokultur in den Hecken, englischer Rasen, der den Boden verlehmen lässt, statt Leben bringt, exotische Sträucher ohne Nutzen für Insekten und damit auch für Vögel. Der Artenvielfalt ist damit nicht gedient. Irgendwie scheint der Homo sapiens einen Instinkt zu haben, allen anderen auf dem noch blauen Planeten das Leben schwer zu machen. Gönnen wir doch den Zugvögeln die Reisefreiheit, die auch wir beanspruchen, und lassen wir ihnen die Natur, die sie – und wir – so dringend brauchen!

Erschienen in Malmoe Wien, Kurier Dietlikon und Zeitpunkt Solothurn 2018

Die Sprache der Handlung

Mit neuen Begriffen zu einem neuen Menschenbild. Die siebente Flugschrift von Rupert Bucher widmet sich dem Begriff der Sprache der Handlung. Diese, als Grundsprache nicht nur des Menschen, sondern aller Lebewesen, soll uns die Wurzeln und Gemeinsamkeiten allen Lebens aufzeigen. Urs Heinz Aerni stellte dem Denker und Autor Fragen dazu.

Ihre Flugschriftenreihe, deren 7. Band unter dem Titel »Die Sprache der Handlung« erschienen ist, steht unter dem Motto »Neues sehen – Neues wagen«. Welcher Grundgedanke findet sich dahinter?
Stellen Sie sich vor, Sie gehen einen Weg, den noch niemand gegangen ist und wissen nicht, wohin er führt – das ist Wagnis. Vernunft, Verstand, Bewusstsein, Unbewusstes, Intuition, Selbst, Fantasie, Trieb, Instinkt, Moral, Gewissen und Sexualität, Erziehung und Rolle sind die Grundbegriffe des autoritären Weltbildes. In diesen ist unser Denken über uns selbst und den Menschen im Allgemeinen fest verankert und mit dem Prinzip der Hierarchie verkettet. Durch deren weitere Verwendung halten wir das alte Weltbild am Leben. Über die Verabschiedung dieser Begriffe das Denken und Handeln frei zu machen, war der erste Schritt.

Das hieße, wir müssten neue Wörter für ein neues Denken erfinden…?
Korrekt. Die Formulierung und Anwendung neuer, von der Geschichte unbelasteter Begriffe, ist das Anliegen der Flugschriftenreihe. Diese kreiert das Gemälde eines neuen Menschenbildes, das dann in der letzten Flugschrift unter dem Titel »Was den Menschen zum Menschen macht!« zusammengefasst werden soll. In der Gesellschaft sehen wir die Verabschiedung des alten patriarchalen Weltbildes in aller Deutlichkeit am Zerfall der Familien. In allen anderen gesellschaftlichen Organisationen, die noch dem Prinzip der Hierarchie folgen, kämpft der alte Geist um sein Überleben. Es gibt große Betriebe, in denen herrscht in der einen Abteilung ein tyrannischer Vorgesetzter, gleich welchen Geschlechts, der seine Mitarbeiter in die Verzweiflung oder ein Burn-out treibt und in der anderen beobachten wir ein partnerschaftlich-kollegiales Miteinander. Die Zeichen des Umbruchs sind unverkennbar.

Und das neue Sehen? Was zeigt sich diesem?
Ein mächtiges gesellschaftliches Tabu! Die Gewalt der autoritären Frau und ihr verstecktes Matriarchat. Nun kann sie sich nicht mehr hinter dem Bild der heiligen Mutter und des ewigen Opfers verstecken.

Folgt der Aufbau der Reihe einer Systematik, bzw. in welchem Verhältnis stehen die einzelnen Titel der Reihe zueinander?
Ihre Entstehung gleicht der eines Bildes, einer Skulptur oder eines Gedichts. Über die einzelnen Titel formt sich ein neues Bild des Menschen.

Mit anderen Worten, Sie erschaffen mit all den Büchern eine Art Skulptur, die einen neuen Blick auf den Menschen visualisiert.
Kann man so sagen. In all den Jahrzehnten meiner Arbeit als Psychotherapeut, mit Kindern, Jugendlichen und Erwachsenen, sind mir viele Menschen begegnet, die unter der schulischen Rationalitätsdressur, anders kann man das nicht nennen, sehr gelitten haben. Waren das einfach die Dummen, die halt nichts begriffen haben? Gewiss nicht! Es gibt Menschen, die vor allem in Bildern, Klängen und Düften denken, nicht in der logischen Schlussfolgerung.

Also dürfen gewohnte Wörter nicht ins Recycling gelangen, sondern in den verbalen Sondermüll?
Richtig. Es gibt noch weitere Gründe, warum es an der Zeit ist, sich von den alten Begriffen der antiken Sklavenhalter-Gesellschaften, insbesondere der griechisch-römischen Kultur, zu verabschieden. Die Beziehung von Frau und Mann hat sich in den letzten Jahrzehnten grundlegend verändert. Gleichzeitig vollzieht sich der Umbruch in der Kernzelle der Gesellschaft. Die Familien lösen sich auf.

Zudem hat die technische Entwicklung ein schwindelerregendes Tempo angenommen.
All diese Veränderungen und die damit verbundenen Aufgaben sind mit den alten Begriffen aus längst vergangenen Zeiten nicht mehr zu bewältigen. Gemeint sind die Begriffe, in denen sich der Mensch selbst zu verstehen versucht. Wagen wir es, diesen, vom Hauch des autoritären Weltbildes durchwehten Begriffen Adieu zu sagen.

Wen möchten Sie besonders mit der Flugschriftenreihe ansprechen?
Alle Menschen auf der Suche nach sich selbst, dem Leben und immer neuer Erkenntnis. Der Leser ist eingeladen, an dem Projekt, mit neu zu formulierenden Begriffen am Entstehen eines gänzlich anderen Menschenbildes, unmittelbar teilzunehmen. Über die Lektüre der stetig sich erweiternden Flugschriftenreihe kann der Leser eintauchen in dieses Abenteuer. Er kann in neue Denkwelten vorstoßen, sodass sich ihm unbekannte Einblicke und Einsichten eröffnen werden.

Was erwartet den Lesenden der Flugschriften?
2013 betrat ich den Pfad der neuen Worte. Seit 2014 sind jedes Jahr ein bis zwei neue Titel erschienen, was auch in den folgenden Jahren so bleiben soll. Der Leser befindet sich gemeinsam mit dem Autor auf diesem Pfad, von dem niemand weiß, wohin er führen wird. Er ist unmittelbar beteiligt an diesem Projekt gleich einem Fortsetzungsroman, das ist einmalig in dieser Form von Erkenntnisabenteuer.

Wirken sich diese neuen Einsichten für die Leserin und den Leser auch auf die Praxis des Lebens aus? Wenn ja, wie?
Ja gewiss. Mit den neuen Begriffen wird sich seine Wahrnehmung in sozialen Situationen verändern. Er kann dadurch die familiären Muster seiner Herkunft und die anderer in allen erdenklichen Situationen sofort erkennen. Das ist besonders hilfreich in der Partnerschaft, im familiären Alltag mit den Kindern und bei Konflikten im Berufsleben. Aber es geht darüber hinaus um sehr viel mehr:

um eine Vision der Überwindung des menschlichen Leidens, der Leere des Nichts, die wir Depression nennen.

Welche Begriffe stellten Sie denn in den vorherigen Büchern auf den Prüfstand?
Die Auseinandersetzung startete mit den Begriffen Trieb, Instinkt, Sexualität, Erziehung und Rationalität, wandte sich dann dem Thema der autoritären Frau zu, um dann bei der Suche nach dem wahren Selbst zu landen. Immer steht im Zentrum, die neuen Begriffe in der konkreten Anwendung vorzustellen. Der Anspruch ist ja, über sie zu vertiefter Erkenntnis vorzudringen.
Im aktuellen, siebten Band der Flugschriftenreihe wird der neue Begriff der Sprache der Handlung eingeführt. Er soll uns die Grundsprache des Menschen, die er mit allen Lebewesen gemeinsam hat, näherbringen. Auch hier erwarten den Leser überraschende Einsichten.

In welches begriffliche Neuland werden Sie uns in den kommenden Bänden entführen?
Der nächste Band wird den Titel »Das Ich-Gesicht« haben. In ihm wird gezeigt, dass das Ich des Menschen aus den Drehbüchern unserer familiären Geschichte besteht. Ihm folgt dann eine Flugschrift über die Depression, die über das Ich-Gesicht und die Sprache der Handlung ihre Rätselhaftigkeit verliert. Durch den völlig neuen Zugang eröffnen sich die Wege der Bewältigung und der Übergang in eine grundlegend veränderte Lebenshaltung.

Erschienen auf »Berglink.de« 2018

Rupert Bucher, *geboren 1950 in Lindau am Bodensee. Er studierte Philosophie in München und Marburg, Psychologie an der Christian-Albrechts-Universität und Bildhauerei an der Fachhochschule (ehemalige Muthesius-Schule), beide in Kiel. Seit 1982 zurück in Lindau, arbeitet er als Kinder- und Jugendlichenpsychotherapeut, Psychologischer Psychotherapeut und Supervisor in eigener Praxis.*

Das Buch oder die Flugschrift: Rupert Bucher: »Die Sprache der Handlung«, Bucher Verlag

»Mit beiden Beinen im Föhngebläse«

Der bekannte Schauspieler Hanspeter Müller-Drossaart publiziert nach seinem ersten Lyrikband im Obwaldner nun eines im Urner Dialekt.

Urs Heinz Aerni: »gredi üüfe« lautet der Titel Ihres Gedichtbandes im Urner Dialekt, da schaut man sofort rechts und links hoch. Wie kam es zu diesem Titel?

Hanspeter Müller-Drossaart: Ihre Assoziation trifft sicher etwas Zentrales der physischen Welterfahrung, wenn man im Kanton Uri unterwegs ist. Die umgebenden Berge wirken sowohl bergend, vermitteln also eine gewisse Geborgenheit, sind aber auch immense, bedrohliche Begrenztheiten und Träger roher Naturgewalten. Wer da lebt, braucht einen wachen Widerstandsgeist und die neugierige Begeisterung, hinaufzusteigen und die wilden Schönheiten auch aus der Distanz, von oben weitsichtig zu reflektieren. Aber »gredi üüfe«, geradewegs, auf dem einfachsten Weg sozusagen, zum Ziel zu kommen, ist im übertragenen Sinne auch in unserem Alltag nicht einfach so machbar. So umfasst der Buchtitel den menschlichen Ur-Wunsch, unsere Existenz möge ring vonstattengehen, aber auch das lächelnde Wissen, dass unsere Glücksfindung mit Mühen verbunden ist.

Aerni: Als fünfjähriger Obwaldner erlebten Sie an der Schule in Erstfeld den Wechsel in den Urner Dialekt, so groß wird der Kulturschock nicht gewesen sein, oder doch?
Müller-Drossaart: Das Eindringen eines Fremdlings in eine gewachsene Sprachwelt schafft Reibungsflächen diverser Natur. Der erdverbundene, kindliche Heimatsbezug der hiesigen Schulkameraden äußerte sich anfänglich natürlich abgrenzend, mit der Zeit aber einladend integrativ. Und die Innerschweizer Idiome sind so arg unterschiedlich auch wieder nicht. Die Urner Gofen drückten ein Auge zu und ließen den Obwaldner »schnuifen« bis er das »schnüüfe« gelernt hatte.

Aerni: Einen Schauspieler, der sich seine Sporen an der Theaterschule und auf Bühnen in Zürich und Wien abverdiente, um dann in vielen Fernseh- und Bühnenrollen zu spielen, ließ der hiesige Mundart nie so richtig los. Altlast?
Müller-Drossaart: Im Gegenteil! Kern der Identität! In den Grundschuljahren wird über die Sprache nicht nur die Sozialisation vermittelt, sondern auch im klanglichen Anrühren, in der wörtlichen Begrifflichkeit genuine Welterfahrung eingepflanzt. Im späteren Leben erinnert man sich immer wieder an die ersten Beschreibungen, wie man die Dinge und das Sein als Kind benannt hat.

Aerni: Sie bezeichnen das Urnerland als zweite Heimat, wie würden Sie denn einem Außenstehenden die Unterschiede der beiden Sprach-Charakteren beschreiben?
Müller-Drossaart: Obwalden und Uri, ersteres großhügelig mit lieblichen Seen an die Alpen angelehnt, letzteres

einkerbend in karger Schönheit das granitene Felsenreich durchschneidend.

Aerni: Schön gesagt...
Müller-Drossaart: Die dialektalen Abbildungen der Topografien sind offenkundiger Natur: Das Obwaldnerische perlt üppig, diphtongverliebt und meist geläufig hüpfend dahin, das Urnerische steht mit beiden Beinen kräftig, karg und knapp im Föhngebläse, kein Wort zu viel. Man schaut sich in die Augen, da braucht es nicht viel Gerede.

Aerni: Ihre Gedichte pendeln zwischen Texten, die ans Gemüt gehen können, die ein Lächeln entlocken, aber auch manchmal zum Sinnieren über uns und den Menschen um uns herum verführen. Wie gingen Sie denn ans Schreiben?
Müller-Drossaart: Ich wollte diese wichtige, auch seelische Landschaft meines Heranwachsens noch einmal erinnernd befragen, mich meiner urnerischen Quellen der Lebenserfahrung vergewissern, und gleichzeitig die Vielfalt heutiger Fragestellungen in beschreibender und erfindender Manier in urnerischen Mentalitäten ausbreiten.

Aerni: Sie gehen nun auf Lesereisen mit diesem Buch und dabei wünschen wir viel Erfolg. Jetzt noch unter uns: Welcher Dialekt wird als nächstes von Ihnen unter die Fittiche genommen?
Müller-Drossaart: Mit Obwalden und Uri sind meine zwei mundartlichen Sprachwurzelbeine vereint. Es bedarf keiner zusätzlichen vertiefenden Ausflüge in die helvetischen Dialekte. Ich werde versuchen, die nicht spezifisch

lokal angesiedelten Gedichte meiner beiden Lyrik-Bände »zittrigi fäkke« und »gredi üüfe« im Sinne einer Überschreibung ins Hochdeutsche einem breiteren Publikum zugänglich zu machen.

Erschienen in der Urner Zeitung 2018

Das Buch:
Hanspeter Müller-Drossaart: »gredi üüfe«, Gedichte in Urner Mundart, mit Hör-CD, Verlag Bildfluss Altdorf, 2018. »zittrige fäkke« mit Gedichten im Obwaldner Dialekt erschien im selben Verlag 2015.

Hanspeter Müller-Drossaart *wurde 1955 in Sarnen geboren und wuchs in Erstfeld auf. Nach Ausbildungsstationen an der Schauspiel-Akademie Zürich spielte er an Häusern wie Theater am Neumarkt Zürich, Schauspielhaus Zürich und am Wiener Burgtheater. Er wurde bekannt durch Filme wie »Grounding«, »Der Koch«, »Cannabis« oder »Die Herbstzeitlosen«. Zu sehen und zu hören ist er u. a. im »Literaturclub« SRF/3sat im Radio SRF2 Kultur und durch zahlreiche Bühnenstücke. www.hanspeter-mueller-drossaart.com*

„Restmaß an Naivität?"

Die Lyrikern und Herausgeberin Claudia Gabler wollte wissen, warum Urs Heinz Aerni Kulturjournalist wurde und den Vögeln hinterher pirscht. Unter anderem.

Claudia Gabler: Lieber Urs, du bist ein leidenschaftlicher Fragensteller. Worin genau liegt für dich der Reiz des Fragens?

Urs Heinz Aerni: Wer nicht mehr fragt und auch an der Antwort nicht interessiert ist, verpasst das halbe Leben. Ein Satz mit einem Fragezeichen am Schluss ist der konstruktivste, gewinnbringenste und vernünftigste. Ja, ich weiß, es gibt natürlich die Fragen der didaktischen Manipulation, der Steuerung des Gespräches und der argumentatorischen Einkesselung, wie es Sokrates gemacht haben soll. Aber hier und jetzt meine ich die ehrlichen und offen Fragen, mit dem Ziel, es wissen zu wollen oder mehr verstehen zu können.

Gabler: Viele Fragen und Themen löst du über den Humor. Ist Humor ein Allheilmittel?

Aerni: Kurze Antwort? Ja. Der Humor ist neben der Wahrnehmung der Natur um uns herum ein Heilmittel. Auch für Todkranke. Stell Dir vor, wir müssten alles, was um uns herum geschieht, sei es in der Straßenbahn oder auf einem Podium im tiefsten Ernst und existenziell wahrnehmen. Wir wären schon längstens mause.

Gabler: Was kann Urs Heinz Aerni auf der Bühne die Sprache verschlagen? Selbst die bekannte Ostberliner Schriftstellerin Elke Erb hat es beim Konstanzer Poesiefestival 2010 nicht geschafft, dich als Moderator mit der Aussage zu provozieren, sie habe niemals in der DDR gelebt.

Aerni: (Lacht) Ja, war das ein Abend, anlässlich des Festivals „Dichter dran“ und erst noch im Finanzamt Konstanz! Ihr Vater – so habe ich in der Vorbereitung recherchiert – hätte seine Familie, also auch Elke, 1949 mit nach Halle an der Saale genommen, was ja DDR war, weg vom Rheinland. Aber natürlich kann diese Information falsch sein und bei Lichte betrachtet, hat sie ja völlig Recht, sie kommt nicht aus der DDR, sie wurde quasi dorthin verschleppt. Und sie korrigierte mich auch, weil ich ihren gelernten Beruf der Silberschmiedin mit der Goldschmiedin verwechselte. Und so hat sie mich nicht provoziert, sondern korrigiert, das völlig richtig ist. Und mit großem Genuss erinnere ich mich an ihren bezaubernden Auftritt, übrigens auch an ihre wunderbare Performance am Festival „Prosanova“ in Hildesheim – das war 2005 – an der ich ebenfalls moderieren durfte, aber das ist eine andere Geschichte ...

Gabler: Neben deiner Arbeit als Autor, Journalist etc. betätigst du dich als Feldornithologe. Wie ist es zu diesem Hobby gekommen und ist es seine Flüchtigkeit, die den Vogel für dich zum reizvollen Beobachtungsobjekt macht?

Aerni: „Flüchtigkeit“? Als ich als kleiner Bub schon auf der Pirsch war, wusste ich nicht warum. Ich liebte Wald, Wiese und die Tiere und vor allem die Vögel. Den Grund dafür herauszufinden gab ich auf, doch eines weiß ich, der Aufenthalt mitten in der Natur und Vögel beobachten gehört etwas zum Schönsten des Lebens.

Gabler: Als du dich für den Kulturjournalismus entschieden hast, waren die Bedingungen und Verdienstmöglichkeiten in diesem Beruf noch wesentlich besser. Wenn heute ein junger Mensch den gleichen Berufswunsch äußert, was rätst du ihm?

Aerni: Machen. Wenn wir merken, was uns interessiert und bannt, dann ist das der Weg, den wir gehen müssen. Schaffen wir es, das zu machen, was uns erfüllt und bewegt, dann finden wir auch weitere Wege, die unseren Lebensunterhalt stützen. Hingabe und Freude am Stoff generiert Energie und Kreativität für weitere andere Bereiche, die uns interessieren. Heute lebe ich nicht vom Kulturjournalismus alleine, sondern von der Kulturvermittlung, Kommunikationsberatung und eben vom Weitergeben, was ich über die Vögel weiß, was ja auch wieder eine Art Journalismus ist.

Gabler: Ist ein gewisses (Rest)Maß an Naivität Voraussetzung für den Beruf des Kulturjournalisten?

Aerni: Exakt.

Claudia Gabler *wurde in Lörrach geboren, absolvierte die Kunstgewerbeschule Basel, studierte Theaterwissenschaft und Publizistik in Berlin und schreibt Lyrik und Hörspiele. Sie veröffentlichte in diversen Zeitschriften und Anthologien. Zu Ihren Werken gehören „Die kleinen Raubtiere unter ihrem Pelz“ (2008 Rimbaud Verlag), „Gespräche mit Architekten“ (2009, Hörspiel, Deutschlandradio), „Bangkok oder Ich will einen Schweizer heiraten“ (2011, Hörspiel, SWR4) und „Kirk“ (2016, Hörspiel, SWR2).*

Die Kunst des digitalen Grüßens

Wie grüßen Sie? Also nicht auf der Straße oder im Laden, sondern digital, am Schluss einer E-Mail. Hier herrschen ganz eigene Gesetze. Nirgends sonst in der Kommunikation wird dergestalt mit der Grußformel gespielt und variiert wie im Mail-Verkehr.

Wenn die Presseabteilung eines Verlages anfragt, ob ich ein Buch besprechen möchte, wird immer »herzlich« gegrüßt. Die ungeschriebenen Grußgesetze zeigen den Aggregatszustand der Beziehungen an.

Da war zum Beispiel die Dame, mit der ich für ein Projekt zu tun hatte. Wir wechselten via Mail vom »Sie« zum »Du«. Jede Mail in der Startphase schloss mit »Liebe Grüße« oder »Herzliche Grüße« oder gar nur mit »Herzlich«. Dann kamen die ersten Herausforderungen in Planung und Budgetierung etc. Hier begannen die ersten unterschiedlichen Ansichten und Arbeitsmethoden zum Vorschein zu kommen, also auch Meinungsunterschiede. Demgemäß schienen sich die Grußworte der Stimmungslage anzupassen. Vom »Herzlich« mutierte es sich herunter auf »Beste Grüße« und »Gruß«. Wenn kalter Krieg herrscht, so liest man dann wieder »Freundliche Grüße«; der eisige Tiefstand in der Austauschkultur. In Comics hätten die Sprechblasen dann Eiszapfen. Ich wollte es schon mit dem veralteten »Hochachtungsvoll« versuchen aber das wäre eines zu viel aufgesetzt.

Wir hüpfen also heutzutage zwischen »Herzlichst«, was ja schon eine Umarmung bedeutet, und dem Formalen, wo wir uns fast zwingen müssen, überhaupt zu grüßen. Ich stelle mir die Frage, was heutzutage Freundschaften noch auszuhalten vermögen?
Da ich nicht weiß, was Sie von meinen Kolumnen halten, schließe ich mit folgendem Gruß … Moment, in der Kneipe, in der ich diese Zeilen schreibe, grüßt mich der Wirt, der frei heraus erklärt, dass er schwer krank ist …
Da verpixelt mein obiges Gedankenspiel zum Luxusproblem, nicht?
Herzlich, Ihr
Urs Heinz Aerni

Der passende Buchtipp: »Duden Ratgeber - Briefe und E-Mails gut und richtig schreiben« Bibliographisches Institut

Erschienen in der »Bündner Woche« 2018

Ein Buchstabe wird vermisst

Fällt es Ihnen auf, wenn Sie den *Spiegel* oder die *Süddeutsche* lesen? Merken Sie es, wenn Sie Texte auf ZDF oder ORF sehen? Die meisten hierzulande lebenden deutschsprachigen Leserinnen und Leser stolpern nicht bei der Lektüre von Büchern aus Verlagen wie Hanser, Suhrkamp oder Diogenes über diesen Buchstaben: ß. Dieses Schriftzeichen, scharfes S oder Eszett genannt, hat eine sinngebende Bedeutung in deutschsprachigen Gebieten wie Deutschland, Österreich, Luxemburg, Dänemark, Belgien, Namibia und Südtirol. Nur die Schweiz schaffte das ß irgendwann mal so phasenweise ab, mit Ausnahmen.

Liest ein Wiener eine Schweizer Zeitung, dann kann es zu Irritationen kommen, wenn er in einem Satz Wörter sieht wie »Masse« oder »Busse«, da er nicht gleich erkennt, ob es sich um Maße handelt oder Masse, also eine Menge, oder eine Geldbuße oder Autobusse.

Das ß hat eine lange Geschichte hinter sich, entstanden durch die Verschmelzung von f und s. Durch die Rechtschreibereform 1996 bekam das ß wieder einen deutlicheren Sinn. Wenn der Vokal vor zwei ss länger betont werden soll, folgt eben das Eszett. So ist ersichtlich ob ein Geschoß im Haus gemeint ist oder ein Geschoss, das in der Wand steckt. Wir assen nicht, sondern aßen. Die Trasse klingt gesprochen anders als Straße und so weiter.

Warum verwenden die meisten Schweizer diesen Buchstaben nicht mehr? Verstehen Sie mich recht, ich rede nicht von einer Verdeutschung unserer helvetischen Hochsprache. In den 1930er Jahren wurde das ß zum Beispiel von der Zürcher Erziehungsdirektion abgeschafft, aber die NZZ verwendete es bis in die 1970er...
Wissen Sie, ursprünglich war für diese Kolumne ein Donnerwetter angedacht, darüber wie unsere Medien und unsere Politik einen US-Präsidenten simplen Gemütes hofierten, damit er nach pompöser Blaskapelle in einer fast inhaltsleeren Rede nur Werbung für Investoren für sein Land machte und dann wieder in sein Tagesgeschäft abrauschte, in dem er arme Länder beleidigt, Naturschutzgebiete aufhebt, Mitarbeiter feuert und mit Militärmacht droht. Aber stattdessen ist es doch nervenschonender, der Frage nachzugehen, wieso ein so schöner Buchstabe wie das ß verschwunden ist. Jetzt weiß ich gar nicht so recht, ob ich Sie nun herzlich grüssen oder grüßen soll. Entscheiden Sie.

Der passende Buchtipp: »Variantenwörterbuch des Deutschen – Die Standardsprache in Österreich, der Schweiz, Deutschland, Liechtenstein, Luxemburg, Ostbelgien und Südtirol sowie Rumänien, Namibia und Mennonitensiedlungen«, Verlag De Gruyter

Erschienen in der »Bündner Woche« 2018

Spielen sie, wie sie schreiben?

Haben Sie gewusst, dass es eine Fußball-Nationalelf von Schriftstellerinnen und Schriftstellern gibt? Ja, ja, die spielen gegen andere Länder, Zeitungen und Politiker. Und wissen Sie, was ich mich frage? Ob die literarische Form des Autoren (sind fast alle Männer) auch in seiner Spielart herausgelesen kann. Germanisten und Sportreporterinnen sind sich da uneinig. Bei Studien einzelner Spieler konnten Zusammenhänge zwischen Literaturgattung und Position respektive Spieltemperament eruiert werden.
Da gibt es zum Beispiel den Lyriker, der in der Tat eher feinfühlig den Ball umkreist, bis er weiß, wie er ihn zu berühren gedenkt, was oft zur Folge hat, dass er den weiteren Spielverlauf von der Reservebank aus reflektieren muss. Oder denken wir an den Krimiautor, der zwar eine gewisse Tatkraft auf den Platz mitbringt, aus deren Umsetzung aber eher ein am Boden liegender und heulender Gegner statt eines Tores resultiert. Der Romancier mit Hang zur Epik hingegen bevorzugt eine komplexe Struktur des Passspiels, was wiederum vom Novellisten nicht allzu sehr geschätzt wird. Es konnte auch beobachtet werden, dass Kolumnisten tendenziell für klar definierte Aufgabenverteilungen auf dem Platz sind und Wirtschaftsjournalisten eine Optimierung der Erfolgsquote bei Torschüssen anstreben.

Unsere Studien widerlegen überdies die These, dass Autoren von humorigen und kabarettistischen Texten analog das Betriebsklima auf dem Rasen aufpeppen oder gar retten würden. Kinderbuchautoren und Verfasser von Psychothrillern fallen immer wieder durch ihre Geduld, Empathie und Diplomatie auf, die sie während, aber vor allem nach dem Spiel, einzubringen vermögen - auch wenn ihre Mitspieler erst in den Kabinen oder gar beim Duschen wieder ansprechbar sind. So viel, verehrte Leserinnen und Leser, zu den Ausführungen in Sachen komplexer Konstellation zwischen tippenden Händen und dribbelnden Füßen.

Wo die schreibenden Kicker demnächst spielen werden, finden Sie hier: http://schriftsteller-nati.ch

Der passende Buchtipp: »Das Chancenplus war ausgeglichen« Anthologie mit Patrick Tschan, Wolfgang Bortlik, Ralf Schlatter, Ernst Burren, Peter Zeindler, Sandra Hughes, Rolf Lappert, Bänz Friedli, Martin R. Dean, Franco Supino, Markus Ramseier, Michael van Orsouw, Vincenzo Todisco, Lorenz Langenegger u. a. - Knapp Verlag

Erschienen in der »Bündner Woche« 2017

„Fragen an das Leben"

Anlässlich des Engagements als Intendant für das Festival „Minne meets poetry" in Konstanz stellte die Journalistin Karin Stei der Zeitung Konstanzer Anzeiger Fragen.

Wortakrobaten und Sprachkünstler treffen sich ab heute beim fünftägigen Festival „Minne meets poetry". Wir haben mit Urs Heinz Aerni, dem Kurator der Veranstaltung, über die Macht der Sprache und des Dialekts und die Nähe zu den Minnesängern gesprochen.

Herr Aerni, Sie sind Kurator der Veranstaltung „Minne meets poetry". Wie sind Sie dazu gekommen und können Sie kurz Ihre Arbeit beschreiben?

Aerni: Seit schon einigen Jahren verbindet mich mit dem Kulturamt Konstanz eine schöne Zusammenarbeit; an mehreren literarischen Anlässen fungierte ich als Moderator und während des Konzil-Jubiläums saß ich in der Jury für die freie Kunstszene. Dann erhielt ich die Anfrage für das Kuratorium dieses Festivals. Wir starteten mit einer erweiterten Beiratsgruppe mit Kolleginnen und Kollegen aus verschiedenen Kulturbereichen und begannen, Ideen zu sammeln und erste Konzepte zu erstellen. Dann konkretisierten wir zusammen mit dem Team des

Kulturamtes und der Konzilstadt die Inhalte und Programmpunkte.

Worum geht es bei „Minne meets Poetry“?

Aerni: Es geht um das Treffen zwischen Welten und Menschen. Das Konzil entstand ja, weil Europa sich in der Krise befand. Das kirchliche Machtgefüge belastete den Frieden, Andersdenkende hinterfragten ideelle Gewohnheiten, politische Umstände machten die Menschen diffus etc., das waren die Gründe, warum sich damals die europäische Welt hier in Konstanz treffen musste. Das zog natürlich viele andere Interessen mit sich, was die Macht und das Geld aber auch die Not anging.
Dieser Schmelztiegel berührte aber ebenso das Allzumenschliche mit all den dazugehörenden Gefühlen und Sehnsüchten. Und so wie damals die Menschen Fragen an die Welt und an das Leben stellten, tun wir es heute immer noch. Sei es durch Poesie, Musik oder Kunst. Dieses Festival führt Kultur- und Kunstschaffende nach Konstanz, um quasi als Finale des Konzil-Jubiläums uns zu überraschen und zu inspirieren, so, dass wir vielleicht mit neuen Eindrücken und Visionen zurück in den Alltag kehren.

Können Sie das Konzept und das Programm kurz vorstellen?

Aerni: Ich freue mich auf Nora Gomringer, José F. A. Oliver und Saviye Can, die uns zeigen werden, wie welt- haltig heute die Poesie ist. Gespannt sind wir auf Olaf Näge-

le, Markus Manfred Jung und Hanspeter Müller-Drossart, die es beherrschen, uns mit der Mundart zu bezirzen. Gemütlich wird es sicher bei den Stammtischlesungen mit Henry Gerlach, Jeremias Heppeler, Marvin Suckut und Meral Ziegler.
Eine volle Ladung der Wortakrobatik aus Baden-Württemberg mit Carolin Callies, Tim Holland, Maren Kames und Hans Thill wird das Polizeipräsidium treffen. Gespannt sind wir auf die Arena mit Texten von lebenden und toten Literaten und lassen Sie sich auch überraschen, wenn in der Sporthalle Schänzle die Südwestdeutsche Philharmonie auf den Rap trifft. Aber schauen Sie sich das Programm an, es kann sein, dass Ihnen ein hier nicht genannter Anlass ins Auge springt.

Gibt es Programmpunkte, die auch Kinder und Jugendliche ansprechen? Bzw. ein jüngeres Publikum?

Aerni: Aus Kiel reist der begnadete Lyriker und Kinderbuchautor Arne Rautenberg an. Ich habe ihn schon in Hausach und am Festival Sprachsalz in Hall in Tirol erlebt; er bringt es immer wieder fertig, dass Kinder sich ins Sprachspiel verlieben, also der Fantasie in der Sprache freien Lauf lassen. Und Sie wissen, dass sind die Zeitungsleserinnen und Zeitungsleser von Morgen...

Welche Bedeutung haben die Minne und die historische Figur des Minnesängers Oswald von Wolkenstein im Programm? Wäre er heute viel leicht auch eher ein Rapper/ Slammer?

Aerni: Der Minnegesang, der ja von Motiven der Liebe, aber auch von gesellschaftlicher Kritik geleitet wurde, hinterlässt bis heute Spurenelemente. Wolkenstein wurde in seinem Leben mit allen Wassern gewaschen, zwischen Kerker und Ruhm, und die Wolkenstein-Expertin, Ruth Bader, legte mir bei der ersten Sitzung die Biografie von Dieter Kühn auf den Tisch, in der ich mich lesend verlor. Ob Wolkenstein heute in ein literarisches Genre passen würde? Vielleicht ein Spoken Word-Künstler mit kabarettistischem Hang mit einer Prise Kalauer? „Rutsch auf dem Eis nicht aus. / Herr Wirt, hier schwankt es sehr!" Passend zum Wintereinbruch und zu den Stammtischlesungen, nicht?

Wie nah sind uns die Minnesänger heute noch?

Aerni: „Die Liebe ist ein hohes Kapital, legt man es richtig an" schrieb oder sang Wolkenstein. Ich weiß nicht, wie es mit Ihnen um die Liebe steht, aber ein wahres Wort, finden Sie nicht auch?

Neben Poesie und Literatur spielt auch die Musik bei den Veranstaltungen eine große Rolle. Warum?

Aerni: Lyrik ohne Musik geht nicht, der Rhythmus der Sprache ist der Anfang von Sound. Die biblischen Psalmen waren ja Musiktexte. Bob Dylan gewann mit seinen Songs den Literatur-Nobelpreis und was wäre „Taubenvergiften im Park" von Georg Kreisler ohne sein Singen am Klavier?

Die Veranstaltungsorte sind teilweise sehr ungewöhnlich - von der Schänzlehalle über den Pulverturm bis zum Polizeipräsidium. Welche neuen Horizonte soll, kann das öffnen?

Aerni: Vor Jahren durfte ich Lyrikerinnen und Lyriker moderieren, anlässlich des Festivals „Dichter dran“. Und wissen Sie wo? Im Finanzamt. Als ich am Samstagabend dem Taxifahrer sagte, wohin ich will, bremste er und fragte nach. Ich sagte, dass heute Abend da Poesie stattfände. Hand aufs Herz, wie gut täten musische Momente in einem Büro einer Bank, vor dem Postschalter oder in einem steckengebliebenen Zug!

Heimat und Sprache ist ein zentrales Thema der Veranstaltungen. So gibt es auch Mundartveranstaltungen. Wie würden Sie den Zusammenhang charakterisieren?

Aerni: Was passiert mit Ihnen, wenn Sie in einem „Tatort“ schwäbisch hören, oder alemannisch oder auch tirolerisch? Genau, es heimelt an. Und in der Regel sind Figuren im Film, die Mundart sprechen, selten die Bösewichte. Welchen Einfluss hat der Dialekt auf unser Denken und unsere Emotionen? Und warum amüsiert es uns, wenn auf der Bühne oder dem Bildschirm schweizerdeutsch oder hessich gebabbelt wird? Erfährt die Poesie eine andere Erlebnisebene je nach Färbung mit Lokalkolorit? Dem möchten wir nachgehen.

Was sollen die Besucher von „Minne meets Poetry“ mit nach Hause nehmen?

Aerni: Sie sollen nicht, sie werden es: mit neuen Sinneseindrücken nach Hause gehen, um die nächste E-Mail mal anders zu formulieren, dem Nach- bar die Meinung zu sagen, dem Chef ein Gedicht auf den Tisch zu legen, den Montag als Freitagabend zu feiern und um die Lust zu entdecken, dem Lauf der Welt einen Umkehrschub verleihen zu wollen.

Konstanzer Anzeiger, 7. März 2018

Wenn Eulen Frieden bringen

Im latenten Krisengebiet Nahost könnten Schleiereulen mehr bewirken als Friedenstauben und erst recht mehr als mit Dickschädel bestückte Politiker. Der Zoologieprofessor Yossi Leshem aus Tel Aviv erfand ein Mittel zur Völkerverständigung. Entstanden ist es durch sein Hauptanliegen: den Schutz der Schleiereule in einem notorischen Krisengebiet.

Der Nahe Osten gehört zu den wichtigsten Routen von Millionen Zugvögeln; sie überfliegen den Jordangraben, die Grenze zwischen Jordanien, Israel und dem Westjordanland. Während sich unten Menschen gegenseitig beschießen und belagern, segeln oben andere Erdbewohner, die sich keinen Deut um den gigantischen Streit kümmern, der die »Krone der Schöpfung« austrägt.

Zu diesen Erdbewohnern gehören die Schleiereulen, die aus Aberglauben und durch die Zerstörung ihres Lebensraums fast ausgerottet wurden. Bauern vergiften Mäuse mit Pestiziden, die wiederum im Magen der Eule landen. Leshem gelingt es aber immer mehr, den Bauern zu beweisen, dass Eulen besser als Gift gegen die zu vielen Mäuse wirken. Mittlerweile geht die Mäuseplage zurück und die Bestände der Eulen stabilisieren sich. Munitionskästen der israelischen Armee wurden zu Nistkästen für die Schleiereule umfunktioniert und das Projekt löst eine grenzübergreifende Verständigung aus, von der die Politik nur träumen kann. Gegenüber dem Magazin *Welt der Tiere* sagt Leshem: »In den letzten Jahren fanden in Jordanien wiederholt Seminare für Dutzende Lehrer – Palästinenser und Israeli – statt; und wir arbeiten zusammen wie die besten Freunde! Nur die Politik versagt« Nun überlege ich mir, wo wir sonst noch so Eulenprogramme ansetzen könnten...

Der passende Buchtipp: »Eulen« von Desmond Morris, Verlag Matthes + Seitz

Erschienen im Zeitpunkt Solothurn 2017

Der Wert des Gedruckten

Vor kurzem war ich zu Besuch bei meinen Eltern im Aargau. Beim Aperitif legte meine Mutter ein Buch auf den Wohnzimmertisch, ein Geschichtsbuch über die Schweiz während des Zweiten Weltkrieges. Sie sei beim Räumen und ob ich dieses Buch haben wolle. Mein Vater saß neben mir und griff zu diesem Buch aus dem Jahr 1970. Er begann zu blättern, zu lesen und zu staunen. Ja, ja, das sei seine Zeit gewesen. Er zitierte Namen aus dem Buch, besah alte Aufnahmen und sagte zu meiner Mutter, dass er es zuerst haben und lesen wolle. Dann gingen wir über zum Abendessen.

Warum schreibe ich das?

Vor rund vierzig Jahren erschien das besagte Buch. Als Schüler hatte ich es in den Händen, dann lagerte es in der Hausbibliothek und heute, im Jahre 2017, wird es neu entdeckt und durchs Lesen wiederbelebt. Genau das macht es doch aus, das Medium Buch, mit seinen Seiten voller Texte und Bilder, geschützt durch zwei Buchdeckel und oft mit einem Navigationshilfsmittel namens Lesebändchen.

Hätte es dieses Buch damals schon in digitaler Form gegeben, hätten wir vielleicht nicht mehr gewusst, welche Software verwendet werden muss, mit welchen Passwörtern es hätte zugänglich gemacht werden können, oder

es wäre schlicht unentdeckt geblieben. Wie hätte sich der Autor dieses Buches angesichts des kürzlichen Blätterns in einem Wohnzimmer nach 40 Jahren gefreut.
Oder glauben Sie, dass ich irgendwo in einer guten Stube in 30 Jahren vor einem Bücherregal stünde und sagte: »Sieh mal an, was haben wir da« und klaubte überrascht ein E-Book heraus, um mich ohne technischen Zirkus und elektronische Hürden hinzusetzen und es mir bei einem Tee oder so in aller Ruhe zu Gemüte zu führen?
Ich glaube nicht so recht daran. Deshalb ist ein reales Buch mit vielen Seiten eben doch ein Wert, der bleibt. Genauso wie ein guter Wein, der auch in 30 Jahren in Form einer wohletikettierten Glasflasche auf dem Tisch stehen wird.

Erschienen in der »Bündner Woche« 2017

Der passende Buchtipp:
»Die große Zukunft des Buches« von Jean-Claude Carriere und Umberto Eco, Hanser Verlag

Die Umsorgunsfalle

Erinnern wir uns an das Jungwacht- oder Skilager oder an die Busfahrt mit dem Handball-Team ohne unsere Eltern? Es waren Momente der Freiheit und Unabhängigkeit. Zuhause erzählten wir von unseren Abenteuern, vielleicht auch vom blöden Eigentor oder behielten die ersten Geheimnisse für uns. Es waren Tage, in denen wir auf uns gestellt waren, in denen wir die Ermahnungen der Mutter, richtig zu essen, in uns trugen oder die Order des Vaters, den Fredi nicht immer zu ärgern. Zu diesen Zeiten konnten die Eltern weder jeden Tag eine SMS schicken noch uns via Myspace sofort sehen oder via GPS-Tracking jede Bewegung speichern. Es gab Zeiten, da herrschte Funkstille zwischen dem Zuhause und der Schulwanderung am Fluss, und wir plauderten, picknickten, nervten die Lehrerin und tauschten schon mal einen verlegenen Blick mit dem Mädchen auf der Sitzbank im Zug gegenüber. Die Angst vor dem «Es-könnte-was-passiern» in allen Bereichen führte nicht nur zu zahlreichen Verordnungen und Richtlinien für Spielplätze und Schulreisen, sondern auch zu einer übersteigerten Umsorgung der Kinder. Mit anderen Worten: Der Spiel- und Handlungsraum der Kinder und Jugendlichen wird dermaßen eng, dass von einem mentalen Dichtestress gesprochen werden kann. Der Rest der Freizeit füllt sich mit Tippen, Wischen und Scrollen am Handy. Die langen Wege in die Schule am anderen Ende des Dorfes sind Geschichte. Die Langeweile an den unendlich dauernden Sonntagnachmittagen im Sommer sind passé. Wir reden hier vom Phänomen der sogenannten Helikopter-Eltern, die ihre Kinder nicht mehr aus den Augen lassen. Diese Überhütung ist eine Kultur der Verwöhnung mit verheerenden Auswirkungen. Sie führt dazu, dass Kinder und Jugendliche keine äußeren und inneren Freiräume haben, die nötig wären, um eigene Entscheidungen treffen und eigene Verantwortung übernehmen zu können. Müssen die Eltern alle Freunde der Kinder und deren Eltern kennen? Müssen sie jede Schulaufführung und jedes Fußballspiel ihrer Schützlinge besuchen? Nein.

Wie sagte schon Khalil Gibran (1883 – 1931): «Du kannst deinen Kindern deine Liebe geben, nicht aber deine Gedanken. Sie haben ihre eigenen.»

Der passende Buchtipp: «Helikopter-Eltern – Schluss mit Förderwahn und Verwöhnung» von Josef Kraus, Rowohlt

Erschienen in der »Bündner Woche« 2016

»Da bleibe ich lieber neugierig, als pessimistisch«

Der in Brugg geborene Schriftsteller Christian Haller wurde 2018 75 Jahre alt. Ein Grund, ihm Fragen zu stellen.

Urs Heinz Aerni: Christian Haller, Sie wurden 1943 in Brugg geboren, leben in Laufenburg und feiern Ihren 75. Geburtstag in Boswil. Sagen Sie, wie haben Sie es mit Ihrem Heimatkanton?
Christian Haller: Der Kanton und ich haben ein sehr freundschaftliches Verhältnis, wir mögen einander und erweisen uns gegenseitig Referenz. Ich habe über den Aargau geschrieben, und er hat mich mit dem »Kunstpreis« – seiner höchsten Auszeichnung – dafür geehrt. Doch bei Ihrer Frage dachte ich spontan, welchen Kanton meint er denn nun?

Aerni: Aha…?
Haller: Denn in meinem Alter hat man verschiedene »Kantone Aargau« im Kopf. Es gibt den heutigen Kanton, selbstverständlich, aber es gibt auch den meiner Kindheit, den des Baubooms der 60ziger und 70ziger Jahre und der Industrialisierungswelle. Und ich wäre kein alter Mann, wenn ich nicht fände, man hätte ruhig etwas weniger auf den Profit, dafür auf die Schönheit der Landschaft achten können.

Aerni: Literarisch wie philosophisch entdeckten Sie in jungen Jahren Adrien Turel, Philosoph und Autor (1890 - 1957). War diese Lektüre die Initialzündung für den Einstieg in die Arbeit mit der Sprache?
Haller: Nein, die ist früher geschehen, am Ende der Seminarzeit: Ein Erlebnis, während eines Aufenthaltes im Tessin, das ich im ersten Band meines autobiographischen Romanwerks, in »Die verborgenen Ufer« beschrieben habe. Damals begann ich Gedichte zu schreiben, und mein erstes Gedicht, dort in Ponte Brolla entstanden, wurde in den Brugger Neujahrsblättern publiziert. Ein paar Wochen später erschien es nochmals in Brugg, dann jedoch in der Fasnachtszeitung als Beispiel, was für Blödsinn heute schon als Gedicht gelte.

Aerni: Geschichten aus der Vergangenheit sind die Stoffe für Ihre Literatur, auch vor dem Autobiografischen scheuen Sie nicht zurück. Könnte das Schreiben eine Art Wiederkauen des Realen sein?
Haller: Wiederkauen tun die Rindviecher, und Verdauungsvorgänge gehören nicht in die ästhetischen Kategorien. Nein, in Ihrer Frage schwingen verschiedene Missverständnisse mit.

Aerni: Inwiefern?
Haller: Literarische Stoffe habe ich nie gesucht, sie wuchsen mir zu, drängten sich auf. Stets hatten sie mit Erfahrenem, Erlebten zu tun, mit Umständen, die mir nicht vom »Hörensagen«, sondern aus meiner unmittelbaren Anschauung bekannt waren. Doch dieses Eigene muss

zu einer selbständigen, unabhängigen Wirklichkeit in der Sprache werden. Nur so wird der Stoff verbindlich, verlässt das Private, nur mich Betreffende, und wird Teil der existentiellen Erfahrung aller Menschen.

Aerni: Theater, Prosa und Lyrik bilden den Boden Ihrer Kunst. Welche Veränderungen in deren gesellschaftlichen Wahrnehmungen machen Ihnen am meisten Kummer?
Haller: Ach, da könnte ich langatmig klagen und von »früher« schwärmen, wo alles auch nicht besser gewesen ist. Doch dazu habe ich keine Lust. Durch die digitalen Medien geschehen rasche, nicht wirklich schon übersehbare Veränderungen. Mit ihnen werden wir leben müssen. Da bleibe ich lieber neugierig als pessimistisch.

Aerni: Falls wir uns mal in Brugg treffen möchten, welches Lokal würden Sie vorschlagen und warum?
Haller: Ich würde Sie in kein Lokal, sondern auf einen Spaziergang durch die Altstadt einladen. Ich kenne in Brugg bezaubernde Winkel, könnte Ihnen das Haus zeigen, in dem ich meine ersten Lebensjahre verbracht habe und wo ganz genau mich der kleine Kläffer vor dem Geschäft von Schaich ins Gesicht gebissen hat. Zum Abschluss gehen wir ins ODEON. Mit etwas Glück gibt es dort eine Lesung, einen Film auf jeden Fall.

Erschienen in der Rundschau, Effinger Medien, Brugg 2018

__Christian Haller__, geboren 1943, lebt heute in Laufenburg (CH). Studium der Zoologie an der Universität Basel, Diplomabschluss. Er ar-

beitete acht Jahre als Bereichsleiter der »Sozialen Studien« am Gottlieb Duttweiler-Institut in Rüschlikon, war danach vier Jahre Dramaturg am Theater Claque in Baden. 1987–1995 Präsident der Vereinigten Theaterschaffenden der Schweiz, Mitglied der Theaterkommission der Stadt Zürich. Er wurde 2006 mit dem Schillerpreis und 2007 mit dem Aargauer Literaturpreis für seine »Trilogie des Erinnerns« ausgezeichnet. Haller schrieb Theaterstücke, veröffentlichte drei Gedichtbände und sieben Romane. Aktuell: »Das unaufhaltsame Fließen« (Luchterhand) und »Reise im Korbstuhl« (Wolfbach).

Quelle ist nicht gleich Quelle

»Die sind immer an diesen Gerätchen«, meint ein älterer Mann neben mir an der Bushaltestelle mit Blick auf die jungen Leute, die alle ausnahmslos auf ihren Handys rumtippen. Nur, Gerät ist nicht Gerät. Genauso der Computer: »Die sitzt ja immer am PC.« Aber was macht denn die am PC? Spielen, einen architektonischen Plan zeichnen, eine Buchkritik lesen, die Kündigung an den Telefonanbieter schreiben, nachsehen, was heute am Abend im Theater gespielt wird? Sie sitzt nicht am PC, weil sie am PC sitzen möchte. Deshalb verweigere ich noch immer das E-Banking … das ist aber ein anderes Thema.
Bleiben wir bei den Leuten am Handy. Der eine sieht nach, wann der nächste Bus fährt. Der Nachbar möchte wissen, welches Resultat der HC Davos spielte. Die junge Frau teilt ihrem Freund mit, wo sie sich zum Pizzaessen treffen. Die Smartphones vereinigen unglaublich viele Funktionen, deshalb ist die Form des Zugangs nicht das Medium selbst. Anderes Beispiel. »Im Fernsehen wurde gesagt, dass…« Nun wer hat das auf welchem Sender gesagt? Es macht wohl in der Glaubwürdigkeit der Aussage einen Unterschied, ob es ein Spaßvogel auf Super RTL war oder der Korrespondent in der Tagesschau auf SRF oder ein Wissenschaftler in einer Dokumentation auf 3sat.

Oder »in der Zeitung las ich, dass…« Ja schon, doch war's im Witzteil eines Dorfanzeigers, im Kulturteil des Bündner Tagblattes oder ein Leserbrief in der ZEIT oder eine Zeugenaussage im Revolverblatt? Verlieren wir die Differenzierung nur weil sich die Medien ändern? Das Vereinheitlichen zwischen Plattform und Medium mit Quelle kann irrendführend sein. Nicht YouTube präsentiert das Katzenfilmchen, sondern Heidi Emmenegger aus Ottenbach zum Beispiel. YouTube als Quelle anzugeben, geht nicht, genau so wenig das Internet. Das World Wide Web ist eine Plattform und kein Medium mit einer verantwortlichen Redaktion. Wenn Sie, liebe Leserin und lieber Leser, irgendetwas aus diesem Text zitieren möchten, dann gerne, aber nicht mit »In der Zeitung wurde behauptet«, sondern »Ein Kolumnist in der Bündner Woche meinte…«
Genauso, wie der Verfassende eines Beitrages eine Verantwortung trägt, tut dies der Konsumierende mit der anschließenden Beurteilung und Weiterleitung. Das Internet macht alles schneller, agiler und virulenter, aber der Umgang mit Inhalten bleibt der gleiche; von wem kommt was ist noch immer relevanter als das Wo.
Und wenn wir schon beim Internet sind: »Wie alle Religionen zuvor führen uns die Digitalen ins gelobte Land. Dazu erlassen deren Führer Verhaltensregeln, initiieren neue Formen der Gemeinschaft und versprechen uns das ewige Leben.« Das las ich in einer Ankündigung eines Buches, das bei mir nun auf dem Nachttisch liegt. Dieses Zitat lasen Sie innerhalb dieser Kolumne, aber stammt nicht von mir, also aufgepasst, beim Wiedergeben. Nun bin ich gespannt auf die Lektüre dieses Buches von Joël

Luc Cachelin mit dem Titel »Internetgott«. Und wissen Sie was, ich glaube, ich werde mit ihm einiggehen, was den Status des Internet angeht. Aber bitte noch nicht zitieren, denn ich lese es erst mal …

Erschienen in der »Bündner Woche« 2017

Witz, eine verkannte Kunst?

Meine Güte, was haben wir in der Lobby gelacht. Nach einer Veranstaltung mit dem Schauspieler Hanspeter Müller-Drossaart in Lenzerheide lud ich ihn zu einem Drink ein und die Gäste setzten sich zu uns. Er zeigte sich auch nach dem offiziellen Programm als begnadeter Erzähler von Witzen und er kennt eine Unmenge davon. Da war mir wieder klar, dass der Witz eine unterschätzte Konversations-Kunst ist. »Witz« gehört gemäß *Herkunftswörterbuch Duden* sprachhistorisch zu den Wortfamilien Verstand und Wissen. Im 17. Jahrhundert kam im Deutschen die Verwendung im Sinne von »Esprit, Gabe des geistreichen Formulierens« auf. »Witzeln« oder »Spötteln« standen im 16. Jahrhundert für »klug reden«. Witze werden erzählt, um Dummheit und Nichtwissen bloßzustellen. Ein Scherz funktioniert nur, wenn alle wissen, was die Realität ist. Ohne wahre Tatsachen gäbe es den Humor nicht. Wenn jemand einen Witz erzählt, muss er voraussetzen können, dass seine Zuhörer genug gebildet sind, um diesen zu verstehen. Die Konsumenten müssen also ein Mindestwissen haben, so dass sie die erzählte Geschichte als eine Unmöglichkeit erkennen. Satire, Comedy und Kabarett sind Formen des Witzes, zugeschnitten auf ein passendes Publikum, je nach Ort und Anlass. Der Witz legt Schwachstellen im System bloß und deckt Mängel in der Gesellschaft und Politik auf. Wer welche Art von Witz erzählen darf, ist auch eine Frage der Position. Während die Herkunft der Appenzeller-, Österreicher- oder Ostfriesenwitze unterschiedlich interpretiert wird, haben die jüdischen Witze eine tiefe historische Kultur. Und wenn Sie mal eine Gesellschaft unterhalten möchten, dann sind Sie sich bewusst, dass der Inhalt des Witzes Ihren Geist und Stil widerspiegelt. Das ist das eine. Nun kommt aber die zweite, maßgebende Herausforderung! Der Witz ist erst gelungen, wenn er auch entsprechend mit Rhetorik, Modulation und Charakterspiel zum Besten gegeben wird. Und hier wäre für so manchen Witzliebhaber noch ein Workshop fällig. Stimmts?

Der passende Buchtipp: »Soll das ein Witz sein?« von Helmuth Karasek, Heyne Verlag

Erschienen in der »Bündner Woche« 2017

Ist der Beruf Literat erlernbar?

Was haben Silvio Huonder, Michael Stauffer und Ruth Schweikert gemein? Richtig: Sie schreiben Bücher, also Romane. Aber sie unterrichten auch am Literaturinstitut Biel »Literarisches Schreiben«. Der Sinn einer Ausbildung zum Schriftsteller ist in der Literaturszene nach wie vor umstritten. In den Vereinigten Staaten werden einige Starautoren aus entsprechenden Schulen besonders gefördert und von Verlagen und Presse gehätschelt; das lässt befürchten, dass Talente, ja Genies, die untauglich für disziplinierte Schulbetriebe sind, keine Chance mehr bekommen. Die Gefahr der Aufzucht einer Textkultur mit Normen, die dem zahlungsfreudigen Zeitgeistpublikum entsprechen, liegt da auf der Hand. Anbieter und Dozenten werden dies heftig in Abrede stellen und auf die grundsätzlichen Handfertigkeiten verweisen, die ja in jeder Kunstform ebenso erlernt werden müssten wie beispielsweise in der Bildenden Kunst oder im Journalismus.

Schreiben Autorinnen und Autoren bewusst auf ein Zielpublikum hin? Weiß der Schreibende, ob er einen Leser bedienen möchte, der eher einen flüssigen Plot oder verschwurbelte Sprachkapriolen oder eine tiefenpsychologische Innenschau bevorzugt? Welche Sprache wird zur Literatur? Ist es, nebenbei gefragt, ein Unterschied, ob ich

hier für »Die Zeit« oder die »Bündner Woche« schreibe? Müsste ich meinen Stil den Blättern anpassen?
Zurück zur hohen Literatur. Der Schriftsteller Felix Philipp Ingold bemängelte vor kurzem in der NZZ das durchschnittliche Sprachniveau des Großteils der aktuellen Literatur. Wirken die Schreibschulen, wie diejenige in Biel, einem solchen Mangel entgegen? Allerdings ist es erstens schwierig, eine erwünschte Qualität zu definieren; zweitens wäre auch die Diskussion darüber zu führen, ob sich zurzeit Verlegerinnen und Verleger überhaupt noch auf das dünne Eis der Neuentdeckungen wagen – ohne auf Absatzzahlen zu schielen. Womit man bei der Frage angelangt wäre, ob die Kunst vor dem Markt war oder umgekehrt.

Der passende Buchtipp: »Literarisches Schreiben« von Lajos Egri, Autorenhaus Verlag

Erschienen in der »Bündner Woche« 2017

Ästhetik und Ethik?

Von Frau Katja Hachenberg aus Karlsruhe erhielt ich folgende Frage: „Was ist wichtiger für die Zukunft der Menschheit: Ethik oder Ästhetik?
Kann Ethik hässlich sein? Der Begriff Ästhetik wird definiert durch soziales Umfeld, Erziehung und geprägtes Weltbild. In einem Auengebiet – mäanderndes Gewässer mit phasen- und stellenweise Überflutungen und schiefen oder gar toten Bäumen – stehen zwei Wandersleute und schütteln den Kopf und kommentieren diese Landschaft als hässlich, zerstört, unwirklich oder gar öde. Aber dass genau hier eine hohe Biodiversität herrscht mit dynamischer Entwicklung für Flora und Fauna und großer Bandbreite von Lebensformen, wissen die beiden vielleicht nicht, weil sie sich lieber einen schönen Park vorstellen, mit grünem und kurzgeschnittenen Rasen, kanalisiertem Bächlein und da ein zurechtgestutzter Strauch und dort ein schöner Baum mit womöglicher exotischer Herkunft. Woher stammen die Vorstellungen von Ästhetik, die jedoch den Naturgesetzen widersprichen? Wieso kann das Schöne falsch sein und der Ethik schaden, wenn sie darunter verstanden wird, dass alle Lebensformen auf dieser Erde eine ihr würdigen Daseinsberechtigung haben sollen? Wenn die Ethik auf dem Wissen der Exsistenzgrundlage aller Lebewesen ruht, dann müsste die Ästhetik an vielen

Orten neu definiert werden. Aber die Deformierung einer Ästhetik, die gegen die Gesetze der Natur verstößt, hat ja auch einen Nährboden, bloß welchen?

Der passende Buchtipp: Hanno Rauterberg: Die Kunst und das gute Leben. Edition Suhrkamp

Erschienen in der Bündner Woche 2016

Deutsch ist nicht Deutsch

Warum die Hochsprache nötig ist

»Wir müssen gogen lugen, sonst scheißen uns die Indianer aben …«, sagte damals mein kleiner Bruder und schlich weiter durch die Prärie unseres Nachbargartens im aargauischen Hinterland. Auf dem Pausenplatz imitierten wir Otto mit perfektem Bühnendeutsch, und alle Filmszenen mit Bud Spencer und Terence Hill spielten wir sequenzweise natürlich in Fernsehdeutsch nach. Deutsch war die Sprache der Medien. Auch der damals äußerst beliebte Radiosender SWF 3 ließ uns die Gags von Starmoderatoren nachahmen. Eine Befürchtung, uns könnte der Dialekt deswegen abhandenkommen, war mitnichten vorhanden. Das war in den Siebzigerjahren. Geschehen vor Kurzem an einer literarischen Veranstaltung in Zürich: Auf der Bühne saßen drei Schweizer Autoren und ein sehr bekannter Moderator. Sie debattierten über das Schreiben und das Leben damit. Eine Dame im Publikum fiel durch heftiges Kopfschütteln und empörtes Flüstern auf. Sie versuchte sich zu melden, doch der Moderator reagierte nicht. Sie erhob sich und ging aus dem Saal. Wie sich später herausstellte, handelte es sich um eine Frau aus Genf, die nur die Hochsprache verstand und Eintrittsgeld in der Annahme bezahlt hatte, dass ein öffentlicher Kulturanlass in dieser gehalten werde.

Zwei Niederländer, die in Bivio Skitouren planten, konnten mit dem SRF-Wetterbericht nichts anfangen; da sie weder Bern- noch Walliserdeutsch verstanden, mussten sie den Réceptionisten am Empfang bemühen, um die entsprechenden Informationen zu erhalten.
Verfolgt man die gegenwärtige Diskussion über unseren Umgang mit der Hochsprache, so wähnt man sich zum Teil in einem Umfeld, das langsam Züge einer geistigen Landesverteidigung annimmt. Davon abgesehen, dass das nördliche Nachbarland nun einmal unser größter Geschäftspartner und Kulturlieferant und der alpine Nachbar im Osten ebenso wichtig ist, zumal da die Zusammenlegung der beiden Fußballmeisterschaften ein Thema war, gibt es noch genug Gründe, die Schriftsprache als die Geschäfts- und Landessprache zu akzeptieren, ohne dass wir unsere Eigenarten gefährdet sehen.

Vor Jahren wurden die sprachlichen Fertigkeiten der Schweizer Rekruten getestet, mit verheerendem Ergebnis. Nur eine Minderheit konnte einen Zeitungsartikel einigermaßen sinngemäß zusammenfassen. Das Sprachbewusstsein wurde dann auch im Kontext mit der Lebenszufriedenheit und der Karrieremöglichkeit untersucht. Es ergaben sich klare Zusammenhänge. Problemdefinierung, Zieldeklarierung und Standortbestimmung sind halt nur über Sprache möglich. Fehlt die dazu nötige Fertigkeit, wird es für den Betroffenen schwierig. Ob es nun Schweizer sind, die in wortkargen Verhältnissen aufwachsen, oder Migranten, die sich hier zurechtfinden wollen; die Dominanz des Dialekts in Schulen, Radio und Fernsehen macht ihnen das Leben nicht einfach.

Datenstau in der Sprachschnittstelle

Wortgewandtheit ist gefragt bei Bewerbungsschreiben, Vorstellungsgesprächen oder Krisensitzungen. Sie muss gebildet und an ihr muss gefeilt werden, ob gesprochen oder geschrieben. Obschon die Mehrsprachigkeit der Schweizer gelobt wird, fühlen sich viele Zeitgenossen in der offiziellen Sprache nur bedingt zu Hause und zeigen Hemmungen in der Anwendung derselben. Zwei Beispiele: Im Schnellzug zwischen Zürich und Olten erklärte der Kondukteur Fahrradtouristen aus Deutschland, dass die Velos in den Güterwaggon gehörten. Die Sportsfreunde fragten zurück mit »Bitte?« – als hätte der Schaffner, der immer wieder vom Schrift- ins Schweizerdeutsch kippte, einen Datenstau in der Sprachschnittstelle.
Oder ein Beispiel von der Leipziger Buchmesse: Die junge Assistentin eines Messestands für Schweizer Verlage wurde von Besuchern aus Österreich mit Fragen zum hiesigen Bücherschaffen angesprochen. Die Schweizerin zeigte sich dermaßen um Worte ringend, dass sie das Gespräch mit einem Stapel Prospekte und mit dem Wunsch für einen schönen Tag abkürzte. Die sprachliche Kompetenz ist nicht allein an der Beherrschung von Fremdsprachen festzumachen, sondern auch an der eloquenten Handhabung des Werkzeugs, mit dem wir uns erklären, mit dem wir fragen, uns austauschen und bilden. Wird dies durch einen Mix aus Bruchstücken aus anderen Sprachelementen – ob Mundart oder Fremdsprachen – fragmentiert, besteht die Gefahr einer Verunsicherung bezüglich sozialer Sicherheit. Es verunmöglicht gar die eigene Positionierung in der Ge-

sellschaft. Ohne die Dialektvielfalt zu schwächen, bringt die konzentrierte Kultivierung des Hochdeutschen nur Vorteile für die Rede- und Lesekompetenz. Und, Hand aufs Herz, in einem Land, das ohne Bodenschätze, aber dafür mit Handel, Kultur und Tourismus existiert, kann eine aktiv gebrauchte Hochsprache nur nützen. Das Bühnendeutsch überlassen wir den Schauspielern.

Erschienen in: »Neue Zürcher Zeitung«, »Aargauer Zeitung« und im »Sprachspiegel« des Schweizerischen Vereins für die Deutsche Sprache« (SVDS) 2007

Die Literaturvermittlung im 21. Jahrhundert

Neue Herausforderung für die Literaturvermittlung, oder ist es Zeit für eine Rückbesinnung?

Die Literaturvermittlung als eine klassische und bewährte Disziplin in der Kette des Literaturbetriebs zu porträtieren ist im Prinzip nicht nur unmöglich, sondern auch unsinnig. Die Vermittlung beginnt bei der schüchternen Anfrage, ob der Autor in der Buchhandlung mal lesen darf, und hört dort auf, wo große Agenturen mit Verlagen um Vorschüsse für den nächsten Bestseller verhandeln, der garantiert auch Hollywood-like verfilmt werden soll.

In den letzten Jahren mauserten sich die Schreibenden immer mehr zu bühnentauglichen Rednern und Lesern mit Unterhaltungswert, um die bescheidenen Gelder aus dem Buchverkauf oder der öffentlichen Literaturförderung im Sinne von Subventionen oder Preisgeldern aufzubessern. Von Podien in Literaturhäusern über Late-Night-Auftritte im Fernsehen bis hin zu Web-TV-Lesungen auf Portalen von Verlagen; die schreibende Zunft sieht sich immer mehr auch als Spontanperformance auf Bühnen und vor Kameras. Ein Umstand, der zwar nicht neu ist, aber an Dynamik gewinnt.

Die Literaturvermittlung geschieht einerseits durch die medialen Begleiterscheinungen mit dem Buch, andererseits auch immer mehr durch Agenturen, die im Auftrag der Autoren Verlage suchen, Manuskripte anbieten, Pressearbeit erledigen und Lesereisen planen. Der Autor schreibt monate- und jahrelang an einem Buch, ob Novelle oder mehrbändiges Werk. Er tut dies in der Absicht, dass er gelesen, wahrgenommen und je nachdem erhört wird. Der Schreibende tut viel für die Öffentlichkeit, und für ihn gibt es nichts Schlimmeres als eine öffentliche Inexistenz, weder im positiven noch negativen Sinne. Das ist nachvollziehbar und verständlich für eine Persönlichkeit mit gegen außen orientierter Arbeit.

Masse statt Maß

In den letzten Jahrzehnten lassen beobachtete Tendenzen den Schluss zu, dass nicht wenige Verlage in ihrem Kerngeschäft immer mehr versagen oder mit dem Leistungsdruck überfordert sind. Vor Kurzem machte eine sehr talentierte Autorin die Erfahrung, dass ein Verlag in Österreich mit großer literarischer Tradition ihr zu verstehen gab, dass man sich zwar von ihrem schriftstellerischen Können angetan zeige, aber eine Publikation erst möglich sei, wenn sie vorher mindestens schon zwei Bücher veröffentlicht habe und im Markt schon einigermaßen bekannt sei. Was hat das bitteschön noch mit Literatur zu tun? Solche Gesinnungen und Erfahrungen veranlassten viele Autoren dazu, Agenten auf eigene Kosten anzuheuern. Im Wissen, dass es natürlich noch immer rühmliche Ausnahmen gibt, muss festgestellt werden, dass Verlage zusehends mit Massenausstoß an Büchern mit der Bestsellerei liebäugeln und deshalb das Experimentieren mit Neuem vernachlässigen oder die langfristige Betreuung der einzelnen Bücher unterlassen. Ein Trend, der in einer Kulturdisziplin des Textes, also mit naturgegebenen langsameren Spielregeln, mehr als problematisch ist.

Verlage verlassen das Kerngeschäft

Die alteingesessene Tradition der zwei Veröffentlichungstranchen in Frühjahr und Herbst soll verschwinden, und immer mehr Geld wird in Messestände, Websites und Prestige-Projekte investiert, das dann fehlt bei der Betreuung des Autors in Sachen Lesetour, Planungen der Buchpräsentationen und einer hartnäckigeren Pressearbeit. Das renditeoptimierende Outsourcing des Lektorats, des Layouts und der generellen Buchgestaltung soll hier nicht allzu groß thematisiert werden. Der Verlag hat seine Kernkompetenzen, die entdeckte Literatur zu fördern, zu produzieren, zu vermarkten und zu vernetzen, vernachlässigt, ja sie oft gar aufgegeben. Dazu gehören Lektorat, Gestaltung, Vertrieb und Medienarbeit, die sich mit dem Buchinhalt identifiziert. Statt dass weniger Bücher, dafür in dieser Genauigkeit, publiziert werden, werden immer mehr Bücher gedruckt, und bei Qualität und Betreuung wird gespart.

Literaturvermittlung damals und heute

Literaturagenturen gehen bis in die Mitte des 19. Jahrhunderts zurück. In Zeitungsanzeigen in London zum Beispiel boten sich Personen als Vermittler zwischen Autor und Verlag an. Hier begann der Umkehrschub vom überschuldeten Autor, der auch den Druck seiner Werke finanzieren musste, zum klassischen Verlagsbetrieb im größeren Stil, der das Geld vorschoss und vielfach via Agent Literatur entdeckte und förderte. Autoren wie Arthur Conan Doyle oder Rudyard Kipling ließen über die Agentur AP Watt publizieren. So kamen nun via Agentur oder auch direkt über den Verleger lesenswerte Texte zum lesenden Publikum. Zu den traditionsreichsten und heute noch aktiven Agenturen gehört die Mohrbooks in Zürich.

Die Literaturvermittler und Agenturen müssen die Agilität der aktuellen Kultur- und Businesswelt übernehmen, aber ohne zu vergessen, dass Worte, Texte, eben Bücher, vermittelt werden und keine Popstars oder Spitzensportler. Die Agenturvermittlung darf sich selber auch nicht wichtig nehmen und Energie an die Selbstverwirklichung verlieren, sondern steht hinter dem Namen des Autors und seines Werks. Agenturen übernehmen von den einen Autoren punktuelle Aufträge an wie Medienarbeit, den Versand von Rezensionsexemplaren, die Tourplanung oder gar eine Gesamtbetreuung, die dann bis ins persönliche Coaching mit Imagepflege geht. Autorinnen und Autoren sehen sich vermehrt gezwungen, selber aktiv zu werden, was die Kontakte zu Handel und Medien anbelangt, oder eben Agenten damit zu beauftragen. Und hier gewinnt ein immer größer werdender Geschäftsbereich an Bedeutung. Selbstredend soll angemerkt sein, dass es schon immer Agenturen für solche und ähnliche Aufgaben gab und dass viele Verlage die Autorenbetreuung vorbildlich umsetzen. Doch der Trend zum schnellen Geld mit schneller Produktion mit den genannten Mängeln in Qualität und Halbwertzeit eines Buchs ist deutlich.

Anpassung und Rückbesinnung
Einerseits erfordert der Zeitgeist eine Anpassung in der Vermittlungsart der Literatur, aber andererseits auch eine gewisse Rückbesinnung auf eine gelassenere Behäbigkeit im positiven Sinne, die sich als wohltuendes Kontrastprogramm vom hektischen Rest des Kulturzirkusses abhebt. Denn Lesen ist immer noch eine Tätigkeit, die sich während der letzten zweitausend Jahre wenig verändert hat. Und das ist gut so.

In einem Interview mit der Zeitschrift DU (Nr. 9, 2007) äußerte sich der Hanser-Verleger Michael Krüger wie folgt: »Wir leben in unerhört rasanten, sich geradezu überstürzenden Zeiten und müssen versuchen, diese Beschleunigung in Büchern für einen Moment aufzuhalten.« Warum soll dieser Wunsch nicht auch für die Vermittlung und Vermarktung des Buchs gelten? Die Qualität von Inhalten wurde nie durch die Beschleunigung des Vertriebs verbessert. So sei an die Buchbranche appelliert, sich auf ihre Grenzen, ihre Möglichkeiten zurückzubesinnen und das Ziel der »Gewinnmaximierung auf Teufel komm raus« anderen Wirtschaftszweigen zu überlassen. Dafür ist unser gutes Buch zu schade.

Erschienen in: Stefan Neuhaus, »Literaturvermittlung«. UTB für Wissenschaft, Stuttgart 2009.

Im Gespräch mit Hugo Loetscher

Anlässlich des Literaturfestivals in dem Walliser Kurort Leukerbad fand 2001 ein Treffen im Auftrag des Solothurner Senders Radio 32 im Hotel Maison Blanche mit Hugo Loetscher statt.

Urs Heinz Aerni: Herr Loetscher, eigentlich wollte ich Sie fragen, ob Sie eine Frage mal gestellt haben möchten, die bisher nie gekommen ist. Stattdessen frage ich Sie jedoch, wie Sie die Zukunft des Medium Buch sehen.
Hugo Loetscher: Also ... merkwürdige Frage ... Wenn man an die Frankfurter Buchmesse geht und sieht, was an Neuerscheinungen veröffentlicht wird, dann hat man nicht den Eindruck, dass nicht gelesen wird. Nun ist es aber so, dass sehr viele Sachbücher aufliegen, und ich stelle fest, dass bei Sachbüchern eine ganz andere Art der Lesebereitschaft vorzufinden ist als bei der Belletristik. Zum Beispiel wird Lyrik nie ein Hit in der Menge der Leserschaft sein, Sachbücher sind nach wie vor enorm gesucht und gefragt.

Also Entwarnung?
Im Großen und Ganzen glaube ich nicht, dass Lesen in Frage gestellt werden müsste. Wenn wir das historisch betrachten, konnten noch vor zweihundert Jahren nur sehr wenige Menschen lesen, und es war auch nicht so, dass vor dem Einzug des Fernsehens in unseren Seitentälern alle Rilke und Musil gelesen hätten.

Mit anderen Worten, die Ängste ums Buch und die Sorgen ob der heutigen Qualität der Lesekompetenz sind hinfällig?
Ich sehe absolut, dass eine Konkurrenz zum Lesen entsteht, und ich würde sagen, dass generell das Optische am Leben sehr wichtig wird. Dies kann durch den Film geschehen, aber es ist interessant, dass auch die Musik zum Teil enorm optisch wird, wenn ich an die großen Auftritte der Stars denke. Da ist mindestens so viel Klamauk fürs Auge wie fürs Ohr.

Das heißt also?
Ich halte es mit den pessimistischen Prognosen ebenso wie mit den allzu optimistischen. Ich habe das Glück, dass ich bei einem Verlag bin, der auch Taschenbücher im Programm hat, und alle meine Titel sind als Taschenbücher greifbar. So gibt es immer wieder Neuauflagen, zwar nicht zu Hunderttausenden; doch kontinuierlich habe ich meine Leser und das finde ich gut, wenn es auch nicht Bestsellerauflagen sind. Diese Kontinuität beweist, dass man weiterhin dranbleibt. Oder soll ich sagen solange man mich liest, finde ich es kein Problem? (Lächelt.)

Das Gesamtwerk des 2009 verstorbenen Literaten und reisenden Beobachters Hugo Loetscher erscheint beim Diogenes-Verlag. Persönliche Tipps: »Die Fliege und die Suppe«, »Lesen statt klettern« und »Vom Erzählen erzählen«, »Der Waschküchenschlüssel« und »War meine Zeit meine Zeit«.

Leukerbad, 7. Juli 2001

Neulich vor einem Lebensmittelladen

»Ha! Jetzt geht's euch Buchhändlern an den Kragen!«
Ich drehte mich um, es war Arthur. »Wieso?«
»Die E-Books natürlich. Hab mir so ein Ding endlich angeschafft. Klasse, sag ich dir. So groß wie ein Rechner, und ich kann den gesamten Stephen King darauf herunterladen.«
Beeindruckung zeigend, äußerte ich mich mit »Wow!«.
»Ja, ja! Einloggen, Kreditkartennummer eingeben, und schon ist der Wälzer auf meinem coolen E-Book.«
»Und warum soll es uns Buchhändlern an den Kragen gehen?«, fragte ich ebenso cool zurück.
»Na, ich hol mir das Buch mit Tastendruck im Pyjama nach Hause. Fertig mit Gequassel im Laden, und mit dem Altkarton durch die Büchersendungen ist auch Schluss.«
»Hm ...«
»Was ‹Hm ...›? Keine Panik?«
»Nöö.«
»Das ist doch mega, so ein E-Book.«
»Was ist, wenn der Akku alle ist?«
»Geht lang, und wenn, dann wird er eben ersetzt.«
»Wenn Sonnencreme oder Sand darankommt?«
»Och, ich passe ein bisschen besser auf.«
»Wenn das Display spiegelt oder die Sonne darauf scheint?«
»Na, dann setze ich mich in den Schatten.«

»Wenn du etwas markieren oder anmerken willst?«
»Geht auch digital.«
»Und wenn du es ausleihen willst?«
»Kann ich per E-Mail.«
Unterdessen hatten wir den Lebensmittelladen betreten. Ich ging auf eine Dame zu, die gerade in den Regalen herumräumte und fragte: »Verzeihung, können Sie mir bitte sagen, wo ich den Rotwein im Tetra Pak finde?« Die Dame zeigte mir die Richtung und verdrehte dabei leicht die Augen. Dankend ging ich weiter, Arthur hielt mich an der Schulter fest und fragte: »Sag mal, du trinkst doch nicht etwa Rotwein aus dem Karton?!«
Ich blieb stehen, sah ihn an und sagte: »Eben.«

Basel, im Frühling 2004

Die Nacht – Ein Gespräch mit ihr

Urs Heinz Aerni: »Liebe Nacht, vielen Dank für Ihre Bereitschaft zu diesem Interview. Aber warum gelangen Sie erst jetzt an die Öffentlichkeit?«

Nacht: »Mein Frust trieb mich dazu.«

»Ihr Frust?«

»Ja, so, wie es heute aussieht, schätzt niemand meine Arbeit, obwohl ich den Job seit Jahrtausenden wahrnehme.«

»Wieso denn? Was ist heute anders?«

»Man nimmt mich nicht mehr ernst. Statt mich so zu nehmen, wie ich bin, werde ich mit Lärm und Licht neutralisiert, wie man so schön sagt.«

»Wie meinen Sie das?«

»Sehen Sie, nur schon vor zweihundert Jahren begab man sich mit bescheidenem Kerzenlicht zu Bett, sobald ich zu wirken begann. Ich wurde akzeptiert, ohne Wenn und Aber. Doch heute beginnen die Menschen erst zu leben, wenn es dunkel ist. Scheinwerfer gehen an, Fußballspiele werden neuerdings erst um 21 Uhr angepfiffen, und Leuchtschriften geben mir – vor allem in den Städten – den Rest. Alles funkelt und glitzert, und wo bleibt meine Arbeit? Ich hab schon Autofahrer gesehen, denen nicht mal mehr aufgefallen ist, ob sie mit oder ohne Licht fahren. Die sehen mich gar nicht mehr!«

»Nun, hat der Mensch nicht schon immer das Nachtleben geliebt? Er sucht eben Geselligkeit. Ein Nachtclub ist ein Lokal, in dem die Tische reservierter sind als die Gäste, soll Charlie Chaplin mal gesagt haben.«
»Witzig finde ich das nicht. Gut, in gewisser Hinsicht gebe ich Ihnen recht. Schon immer wurden Nachtlokale und dubiose Veranstaltungen von Individuen besucht, doch das große Mehr schätzte die Ruhe und die Romantik. Es gab Zeiten, da war ich am Drücker. Kaum im Einsatz, stand alles still! Lesen Sie doch mal Johannes, Kapitel 9, Vers 4: *Es kommt die Nacht, da niemand wirken kann.* Ob Handel und Krieg – nichts lief! Und das nur wegen mir. Ist das nicht toll? Oder denken Sie an den Dichter Gryphius. Das ist nicht mal so lange her, im 17. Jahrhundert war es. Sie können sich nicht erinnern? Da zeigten die Menschen mir gegenüber noch Respekt! *Die Nacht ist keines Menschen Freund,* schrieb er im *Verliebten Gespenst.*«
»Ist es das, was man will? Unbeliebt auf allen Seiten?«
»Ehrfurcht ist nicht Antipathie! Ricarda Huch wusste noch, wie man über mich zu schreiben hat: *Uralter Worte kundig kommt die Nacht / Sie löst den Dingen Rüstung ab und Bande.* Oder nehmen Sie beispielsweise das ägyptische Sprichwort: *Die Rede der Nacht ist mit Butter getränkt: Wenn der Tag darauf scheint, zerfließt sie.* Wer kann dem heute noch nachfühlen? Nach Rambazamba und Technorausch wird ausgeschlafen bis in den Nachmittag. Von einer Romantik der Dämmerung ist keine Rede mehr.«
»Aber was wollen Sie denn? Dass während Ihrer Arbeitszeit nichts mehr geht? Alles tot? «»Sagen Sie, wann waren Sie zum letzten Mal um Mitternacht im Wald? Hören Sie das

Scharren der Dachse, die zirpenden Grillen oder das Heulen der Eulen? In meiner Arbeitszeit lebt es, und wie! Die Natur weiß noch, was sich gehört. Da ist noch Ordnung und Harmonie. Bei den Kaffernadlern ist es zum Beispiel üblich, dass das Weibchen die ganze Nacht über auf den Eiern sitzt. Stellen Sie sich vor, was passierte, wenn auch die noch den Tag mit mir verwechselten.«

»Liebe Nacht, wir Menschen sind aber keine Kaffernadler. Bei uns handelt es sich um eine Spezies, die mehr erreichen will als Eier ausbrüten.« »Ich verlange nur mehr Beachtung für meine Sache. Es geht nicht an, dass meine Mühen, die von Flora und Fauna geschätzt werden, durch die Krönung der Schöpfung mit Gleichgültigkeit bestraft werden. Wenn es mich nicht gäbe, wäre Amerika nicht entdeckt worden.«

»Wie bitte?«

»12. Oktober 1492 – *Tierra! Tierra!,* rief der Matrose auf der Pinta während der Nachtwache! Nicht am Vormittag und nicht am Nachmittag. Und Sie wollen mir weismachen, dass zu meiner Zeit nichts läuft.«

»Jetzt müssen Sie mir nur noch sagen, dass wir uns für all die nächtlichen Verkehrsunfälle, Flugzeugabstürze, Einbrüche und dergleichen bedanken sollen. Das geht doch zu weit.«

»Einerseits bin ich Ihnen also zu langweilig, und andererseits möchten Sie nur die Art von Action, bei der doch nichts passiert. Ihr Menschen seid für uns ein Rätsel.«

»Uns?«

»Ja. Schließlich treffe ich mich regelmäßig mit dem Tag. Wir haben uns über euch Erdbewohner unterhalten.«

»Worüber denn?«
»Fusionen scheinen momentan bei euch beliebt zu sein. Nun, wir – also der Tag und ich – befinden uns in den Vorverhandlungen bezüglich einer Fusion.«
»Fusion?«
»Da ihr Menschen mit Neigungen zum Diffusen behaftet seid, wäre es doch angebracht, die Erde in eine stete Dämmerung zu tauchen.«
»Habt ihr vielleicht schon einen Termin?«
»Das nicht, aber Sie werden es auf jeden Fall merken.«

Erschienen in: »Sterngucker«, Bern, 2003.

Die Privatisierung und ihre Dienste

Zu der Zeit, als ich noch Buchhandelsinhaber in Basel war, klingelte das Telefon, gleich nachdem ein mit neuem Lesestoff versorgter Kunde den Laden verließ. Ich hob ab und nannte meinen Namen ...

»Sind Sie der Inhaber der Buchhandlung D?«

»Ja, warum?«

»Sie waren bis jetzt im Telefonbuch unter ‹Buchhandlung› eingetragen.«

»Wir sind ja eine Buchhandlung.«

»Nun, wir haben festgestellt, dass dieser Umstand von uns seit Längerem übersehen wurde.«

»Was heißt das?«

»Die Eintragung unter der Branchenbezeichnung ist kostenpflichtig.«

»Seit wann?«

»Seit etwa einem Jahr. «

»Ist mir neu. Seit eh und je finde ich im Telefonbuch unter A eine Apotheke oder eben unter B eine Buchhandlung.«

»Sicher ja, aber seit einem Jahr ist diese Art der Registrierung kostenpflichtig.«

»Und was wollen Sie jetzt von mir?«

»Möchten Sie weiterhin unter ‹Buchhandlung› aufgeführt sein?«

»Welche Buchhandlung möchte das nicht?«

»Natürlich, aber solch ein Eintrag ist nicht mehr gratis.«
»Ich muss nun Geld zahlen, damit man mich als Buchhandlung findet?«
»Ja.«
»Was würde nun geschehen, wenn ich dazu nicht bereit wäre?«
»Dann wären Sie unter D zu finden.«
»Nicht mehr unter B wie Buchhandlung?«
»Korrekt.«
»Verstehe ich das richtig, ich muss ab jetzt zusätzlich Geld lockermachen, damit der bisherige Eintrag im Telefonbuch so bleibt?«
»Äh, ja.«
»Also ich finde unter B wie Buchhandlung oder G wie Gärtnerei nur noch die Betriebe, die bereit sind, dafür zu zahlen?«
»Kann man so sagen, ja. Aber es kostet ja nur ...«
Die Swisscom wird für ein paar Milliarden auf den freien Markt geschubst. Machen wir das doch gleich auch mit der Feuerwehr: »Wenn Sie Ihr brennendes Haus sofort und mit Vollbesatzung gelöscht haben möchten, dann geben Sie bitte die Daten Ihrer Kreditkarte an, ansonsten drücken Sie Taste 2 für Aufräumarbeiten zum Weekend-Tarif.«

Basel, 2004

Qualitätspresse

Bei einem gemütlichen Bier mit dem Wiener Autor Jürgen Lagger und dem aus Solothurn stammenden, aber schon lange in Wien lebenden Journalisten Stefan Gmünder kam die Pressevielfalt in den beiden Alpenrepubliken zur Sprache. Die »NZZ« von Österreich heiße »Der Standard«, ist immer wieder zu vernehmen. »Der Standard« mit seinem gelbgräulichen Papier hatte eine famose Idee. Schriftstellerinnen und Schriftsteller sollten eine Ausgabe der Zeitung mitbestimmen und mitgestalten durch eigene Texte zu aktuellen Themen, als gehörten sie zum Redaktionsteam. Das Resultat zeichnet sich einerseits durch vergnügliche Lektüre aus, andererseits waren die Qualitätsunterschiede zwischen dem gewohnten Tagesjournalismus und dem Schriftstellerbeiwerk nicht immer deutlich auszumachen. Mit anderen Worten, gute Reportagen lagern oft näher bei der Gattung Literatur, als gemeinhin wahrgenommen wird. Aber die Idee des Standards müsste Nachahmer finden. Wie wäre es, wenn Tanja Kummer in der »Thurgauer Zeitung« über den bunten Abend eines Turnvereins in Sirnach berichtete? Oder Peter Bichsel im »Bieler Tagblatt« einen Sportbericht über das letzte Spiel des Eishockeyklubs schriebe? Isolde Schaad bespricht für den »Blick« das Fußballspiel zwischen dem FC Zürich und Young Boys Bern. Claude Alain Sulzer schreibt für

die »Riehener Zeitung« einen Text über die Generalversammlung der Novartis. Pirmin Meier kommentiert eine Analyse über die biologische Situation des Zugersees in der » Zuger Woche«.
Wird das Tagesgeschehen in einem neuen Licht erscheinen? Wird dann wohl eher verklärt als aufgeklärt? Wird sich die Sprache der Blätter wirklich verbessern? Vielleicht wird dann ein Hausbrand zum literarischen Erlebnis?

Zürich, 2010

Literatur und Architektur
Zwei Kulturgattungen, die verwandter sind als bisher angenommen?

Was war zuerst da? Das Wort oder das Haus? Die Notwendigkeit einer Behausung für den Homo erectus wird literarisch dokumentiert: »Ein Dunst aber stieg auf von der Erde und befeuchtete die ganze Oberfläche des Erdbodens« (1. Mose 2, 6).

Das Bauen und das Schreiben gehören zum Menschen wie das Wohnen und das Lesen. Dass zwischen Architektur und Literatur eine Wesensverwandtschaft besteht, verkennen nicht wenige Hausbesitzer und Bücherliebhaber. Zu diesem Schluss gelangt, wer die Vorgänge, Abläufe, Gesetzmäßigkeiten, Szenen und die gesellschaftlichen Auswirkungen der beiden Kulturen beobachtet.

Innen wie außen
Architekt und Schriftsteller sind Künstler, die ihr Können, ihre Kreativität unter einem Dach respektive zwischen zwei Buchdeckeln entfalten. Die Sichtbarkeit und Haltbarkeit ihres Schaffens ist beträchtlich lang . Ihre Werke zeugen vom Zeitgeist, der rückwirkend durch Historiker am Objekt eruiert werden kann. In der Öffentlichkeit lösen sie Diskussionen und Lobreden aus, sie polarisieren

Kritiker und ästhetische wie ethische Standpunkte. Sie werden interpretiert und meistens falsch verstanden. In architektonischen Kreationen wird gelebt, geschlafen, gekocht, geduscht und geliebt, ohne Bewusstsein für den Namen, der hinter dem Gemäuer steht. Aus dem gedruckten Gedankengut entstehen Weltbilder, Gesprächsstoffe, neue Visionen und geflügelte Worte, ohne dass man weiß, aus welcher Feder alles einmal quoll, außer man beschäftigt sich bewusst oder professionell mit dieser Kunstgattung. Frappant ist die Wechselbeziehung zwischen Geist und Sinnlichkeit. Was ist ein Baukunstwerk ohne seine Füllung mit Wohlbefinden, Wohnlichkeit und inspirativen Emotionen? Was ist ein Buch im Dünndruck, mit Goldprägung und Lesebändchen ohne Wortgewalt oder betäubende Story? Das Buch bedingt Lesende, das Haus Wohnende. Robert Walser machte im Werk »Der Gehülfe« folgende Überlegung: »Nun besteht ja allerdings ein Haus aus zwei Seiten, aus einer sichtbaren und einer unsichtbaren, aus einem äußeren Gefüge und aus einem inneren Halt, und der innere Bau ist vielleicht ebenso wichtig, ja, manchmal vielleicht noch wichtiger im Tragen und Stützen des Ganzen, wie der äußere. Was nützt es, wenn ein Haus schmuck und gefällig steht, wenn die Menschen, die es bewohnen, es nicht zu stützen und zu ertragen vermögen?«

Schreiben und bauen?

Die Literatur wie die Architektur sind Betätigungsfelder, auf denen nicht wenige helle Geister ihr Glück versuchen. Jedoch äußerst selten gelingt Ruhm und Ehre auf beiden Gebieten. Da sei mal das öffentliche Schwimmbad in Zürich erwähnt, in dem jeden Sommer Tausende Bewohner das kühle Nass aufsuchen und keinen feuchten Deut von der Tatsache haben, dass Max Frisch die Anlage baute. Oder wer denkt beim Namen Luis Trenker nicht an den bergverliebten Romancier und eispickelbewehrten Schauspieler, der den nächstbesten Felsen freudestrahlend anspringt? Dabei verbrachte er viele Arbeitsstunden im wettergeschützten Büro als Architekt in Wien, Graz und Bozen. Oder, Hand aufs Herz, wer weiß schon, dass Ludwig Wittgenstein nebst philosophischem Grübeln Häuser baute? Im umgekehrten Sinne hat sich Rudolf Alexander Schröder (1878–1962) eher mit der Inneneinrichtung von Ozeandampfern und dem Bremer Rathaus und nicht als Schriftsteller einen Namen gemacht. Dasselbe trifft auf Gottfried Semper zu; seine Oper wird heute bestaunt, nicht seine Texte. Erfolg beim Schreiben als auch Bauen war und ist rar.

»Lächerlicher Turm«

Die Wesensverwandtschaft wird ebenso im Objekt als solchem manifestiert. Was im Gebäude die Wände und Räume sind, das übernehmen im Buch die Seiten und Kapitel. Die Buchstaben sorgen für die Innenausstattung.

Dasselbe mit der Produktion: Die Bauherrschaft ist wie der Verlag vonnöten, damit die Künstler leben und sichtbar wirken können. Der Baumeister und die Druckerei besorgen den handfesten Beitrag zur physischen Wahrnehmung der Geistesarbeit. Bücher und Häuser existieren aus allerlei Bedürfnissen und Motiven. Ein Einfamilien-

haus, eine Turnhalle oder ein Wolkenkratzer entsprechen verschiedenen Ansprüchen, genau wie ein Gartenbuch, die Bibel oder ein Krimi.
Autoren beschäftigen sich gerne mit der Baukunst und der Stadtplanung. Der Diskurs wird in allen Schattierungen zwischen Lob und Tadel geführt. Der Eiffelturm beispielsweise brachte damals im Jahre 1887 so manchen Schönheitssinn von Kulturschaffenden in Wallung. Zu ihnen gehörten Alexandre Dumas und Guy de Maupassant. Sie unterzeichneten einen Protestbrief, in dem das neue Wahrzeichen der französischen Hauptstadt als »lächerlicher Turm, der wie ein riesenhafter Fabrikschornstein Paris dominiert« verdammt wurde. Häuser gestalten das Stadtleben, und umgekehrt. Beispiel Kalkutta. Für den britischen Schriftsteller Rudyard Kipling war sie die »Stadt schrecklicher Nächte«, »die überfüllte und pestartige Stadt«. Für den Urdu-Dichter Mirza Ghalib war sie hingegen »eine überaus erfrischende Stadt«, »diese himmlische Stadt«. Der Schriftsteller Dominique Lapierre empfand jeden Besuch der Metropole als »eine zauberhafte Erfahrung«.

Tod in Mannheim?

Das Objekt – Haus wie Buch – überdauert den Menschen als Ganzes oder als Relikt. Hier heißt es Ruine, dort Fragment. Archäologen lesen daraus das damals Gedachte und Erlebte. Überlieferte religiöse Literatur bot den geistigen Baugrund für sakrale Architektur. Umgekehrt müssen Häuser für Romane hinhalten, und Ruinen prägen Epochenabschnitte wie die »Trümmerliteratur«. Hätte »Tod in Venedig« auch in Mannheim geschrieben werden können?

In der Literaturgeschichte stößt man immer wieder auf Architekten in der Protagonistenrolle, Gebäude, um die sich Geschichten drehen oder in denen allzu menschliche Abgründe bloßgelegt werden. In Stefan Heyms Roman »Die Architekten« sieht sich ein zielstrebiger Architekt nebst zwischenmenschlichen Wirren mit fantasielosen Bürokraten auf finanzieller Schmalspurschiene im kommunistischen Klima konfrontiert. In Alain Claude Sulzers »Urmein« lässt der Graf Emilio Guido Galli vor dem Ersten Weltkrieg ein baufälliges Kloster in einem Schweizer Bergdorf in eine schlossartige Residenz umbauen, in die er reiche Freunde zum ruhigen wie stilvollen Altwerden einlädt.
Der Leser findet Eingang in eine Subwelt von Künstlern und Verwöhnten, umgeben von architektonischer Verschwendung in allen baulichen Facetten. Ein Leckerbissen für den Liebhaber des barocken Schreibstils. Die Zauberberg-Assoziation ist merklich gewollt und eindrücklich gelungen. Das Schloss als Gebäude ist der literarische Nabel eines gesellschaftlichen Mikrokosmos.
Die Wesen der Bau- und Schreibkunst erstreben dieselben Ambitionen: »Der Baukünstler, der Bildhauer sind höchlich interessiert, dass der Mensch von ihnen, von ihrer Kunst, von ihrer Hand eine Dauer seines Daseins erwarte; und deswegen wünschte ich gut gedachte, gut ausgeführte Monumente.« Die Worte des Architekten aus Goethes Feder. Vielleicht passen Architektur und Literatur tatsächlich besser zusammen als bisher vermutet – eine neue Bühne für die Wahlverwandtschaften?

Erschienen in: »BuchMarkt«, Meerbusch, Deutschland 2003.

»Da waren andere schon tot«
Ein Treffen mit Elke Heidenreich

In Solothurn im Frühjahr 2001 saß ich mit Elke Heidenreich am Mittagsholztisch in gleißendem Sonnenlicht an der Aare und sprach über ihr Schaffen und ihr soeben erschienenes Buch.

Urs Heinz Aerni: Frau Heidenreich, warum dauert es bei Ihnen immer so lang, bis ein neues Buch fertig ist?
Elke Heidenreich: Weil der Weg vom Kopf durch den Arm und die Hand raus aufs Papier unglaublich weit ist, viel weiter, als man denkt. Und weil meine Geschichten erst mal zweihundert Seiten lang sind und dann dampfe ich sie runter auf dreißig, das macht viel Arbeit.

Kommen die Kürzungswünsche vom Verleger?
Nein, um Gottes willen. Der sagt immer: »Schreib doch mal einen Roman!« Die Kürzungen kommen von mir, ich möchte die kleine Form haben, in der jedes Wort sitzen soll, keines zu viel, und damit niemals ein Tapetenmuster geschrieben wird. Das habe ich bei Adalbert Stifter immer so gehasst.

Was sind die Quellen für Ihre Texte? Beobachtungen, Erlebnisse, Gespräche?

Die Ideen sind für jeden, der schreibt, ähnlich. Die liegen in der Luft. Goethe sagte einmal: »Ich habe nicht alles selbst erlebt, ich habe alles selbst erfahren.« Man guckt in den Kneipen herum, man beobachtet Leute, man hat Freunde und sieht, wie die leben. Das eigene Leben ist immer auch ein Steinbruch, aber nie das Eins-zu-eins-Ich, da die Erzählhaltung vorhanden ist. Es sind nicht meine Geschichten, trotzdem erzähle ich von mir, weil ich von meinem Lebensgefühl erzähle. Aus dieser Mischung entstehen Bücher und Geschichten.

Irgendwann werde ich ein Buch schreiben, aber dafür halte ich mich zu jung. Zeit und Ideen halten ebenso davon ab. Was empfehlen Sie mir?
Wie alt sind Sie?

Neununddreißig.
Da waren andere schon tot.

Heute ist die Lebenserwartung etwas höher.
Wenn Sie sagen: »Ich möchte irgendwann ein Buch schreiben, was empfehlen Sie mir?«, dann sollten Sie nicht schreiben, denn wenn Sie keinen wirklichen Drang verspüren, kein Lebensmuss, dann kann ich Ihnen nur empfehlen: Lassen Sie es und bleiben Sie einfach Leser. Wenn Sie schreiben müssen, wissen Sie schon, was.

Dann bleibe ich eben Leser … und Hörer. Gegenwärtig erleben ja die Hörbücher einen eigentlichen Boom. Auch damit sind Sie rege beschäftigt.

Dieser Boom kam auch auf mich zu und damit die Meinung, dass ich meine Bücher selber lesen sollte. Das habe ich dann gemacht. Somit kamen weitere Anfragen von anderen Verlagen. Was da alles ausgegraben wird! DDR-Fassungen von Schloss Gripsholm – ob das unbedingt sein muss, weiß ich auch nicht, aber man lässt viele vergessene Bücher wieder lesen, alles ist plötzlich im Hörbuch da. Sie wissen ja, Jan Philipp Reemtsma hat den ganzen Arno Schmidt vorgelesen. Es gibt die Geschichte des Abfalls der Niederlande von der spanischen Regierung von Schiller auf etwa vierundzwanzig Kassetten; wer sich so was reinzieht, muss krank sein. Aber eben, es gibt Leute, die fahren von Hamburg nach Basel und stehen achtzehn Stunden im Stau und hören Abfall der Niederlande dazu.
Soeben produzierte ich mit dem Schweizer Verlag »Kein & Aber« *Der Ohrenzeuge* von Canetti. Das sind fünfzig kleine Charakteristiken von Menschen, und einige davon haben wir nun im Studio aufgenommen. Konrad Beikircher liest die männlichen Stimmen. Etwa dreißig der Texte sind auf dieser CD. Wunderbare Produktion!
Vor Kurzem machte ich auch was ganz Ausgefallenes. Gedichte der österreichischen Autorin Christine Lavant, die ja schon viele Jahre tot ist. Sie war eine sehr komplizierte, sehr introvertierte Dichterin und schrieb ganz seltsame, mystische Lyrik. Es gibt eine Tonbandaufnahme, auf der sie selbst einige Gedichte liest. Und da dies nicht für eine CD ausreicht, spreche ich die anderen Gedichte. Ganz nüchtern.

Wenn Sie eigene Texte im Studio oder vor Publikum lesen, kommt dann manchmal auch der Gedanke »Das hätte ich anders schreiben sollen«?
Dann lese ich auch anders. Ich mache das ab und zu bei Lesungen. Wenn ich merke, dass der Satz für mich nicht so schön ist, oder er gefällt mir nicht mehr, dann ändere ich ihn – frei nach Kleist: die Verfertigung des Gedankens beim Vorlesen.

Dann hofft man, dass das Publikum nichts merkt?
Das merken die Zuhörer nicht. Keiner kennt meine Geschichten so genau wie ich. Das Hörbuch wird ja nicht sofort nach Erscheinung des Buchs veröffentlicht. Dazwischen liegen schon etwa dreißig Leseveranstaltungen, und dann weiß man, wies läuft.

Erschienen in: »Solothurner Zeitung« und »St. Galler Tagblatt«, 2001.

Wissen, Kampfmittel gegen Gewalt?

Es ist wieder mal so weit. Der futuristisch anmutende ICE von Zürich nach Lausanne bleibt unter dem Metallgewölbe des Oltner Bahnhofs stehen. Da sitzen sie nun, die lärmenden Schulklassen, das Rentnerehepaar, der amerikanische Tourist und die gegenüber sitzenden jungen Damen. Die eine strickend, die andere in die Elektronik des Handys und der Kopfhörer abtauchend.
Zehn Minuten ... eine halbe Stunde, und das alles ohne plärrende Orientierung durch die Lautsprecher. Die Luft wird stickig, die Stimmung gereizt. Kopfschütteln, Fingertrommeln, Aufstehen und Hinsetzen kündigen aufkommende Aggressionen an. Unsicherheit entsteht durch Unwissenheit. Warum geht es nicht weiter? Was ist passiert? In diesem Moment versagt unsere Informationsgesellschaft einmal mehr. Wie viele Passagiere hätten ihr Königreich für eine Erklärung zur rechten Zeit gegeben ... Können Wissen, Information oder Aufklärung aufsteigende Aggressivität dämpfen? Führt vernetztes Verstehen zu Geduld und Nachsicht? Die Meinungen gehen auseinander. Der Verein »Frieden durch Verstehen« mit Sitz in Eutin (Deutschland) schreibt auf seiner Website: »Unwissenheit und Geheimhaltung sind die Fundamente jeder Aggression.« Die festsitzenden Zugreisenden hätten bei diesen Worten kräftig applaudiert.

Wissen ist nicht Wissen

In diesem anscheinend grundlos stehenden Zug sitzen Menschen, die vielleicht einen PC zusammensetzen, ein langes Gedicht aufsagen oder chemische Formeln erklären könnten. Doch trotz all dem hier versammelten Konzentrat an Wissen und Fähigkeiten kommt der Zug nicht ins Rollen, und das Klima wird auch nicht besser – in jeder Hinsicht. So vielfältig unsere pluralistische Gesellschaft sich präsentiert, so einfältig kann spezifisches Wissen oder fachkompetente Kenntnis in gewissen Situationen des Lebens sein. Ein Fakt, der im Alltag wie in großen Weltanschauungsfragen ersichtlich wird. Thomas Avenarius bestätigt in einem Artikel in der Süddeutschen Zeitung die oft erwähnten Verdachtsmomente, dass junge Menschen in gewissen Koranschulen eher eine »Gehirnwäsche denn eine theologische Bildung« erführen. Dass diese Problematik aber nicht als islamisches Phänomen betrachtet werden darf, sondern alle Ideologien und Religionen betrifft, bestätigt Dr. Arthur Schärli, Präsident der Allgemeinen Berufsschule Zürich: »Wenn man daran denkt, was in früheren Jahrhunderten im Namen des Christentums – oder auch heute noch in Nordirland – geschehen ist, dann nützt hier auch ‹vertiefte Kenntnis› nicht besonders viel.« Der Buchautor und Professor für Geschichte und Germanistik Bernhard von Arx aus Zürich plädiert für die Breite der Bildung: »An höheren technischen Lehranstalten kann oft nur noch von Ausbildung statt Bildung gesprochen werden. Dies als Folge des heutigen Trends, unter dem Druck der Wirtschaft genügend Fachkräfte (und eben nicht gebildete Menschen) heranzuzüchten. Das kommt davon, dass seit der industriellen Revolution im 19. Jahrhundert der Glaube an die unbeschränkte Machbarkeit dank Forschung immer mehr gewachsen ist. Dazu tritt die immer stärkere Spezialisierung, sodass sich etwa zwei Physiker mit derselben Grundausbildung nicht mehr ohne weiteres verstehen.«

Dr. Michael Forcher, Historiker und Verleger in Innsbruck, formuliert den Gedanken, wie eventuell eine »bessere Gesellschaft« als Reaktion darauf installieren könnte, »dass man die Schwächeren weniger unterdrückt, wenn man Geige spielt statt Börsenkursen nachhechelt, wenn Harmoniebedürfnis gegenüber Konkurrenzkampf aufholt«. Und doch ist er der Auffassung, dass durch mehr musische Bildung nicht automatisch weniger Gewalt entstünde: »So einfach kann man es sicher nicht sagen.« Professor Dr. Jürgen Oelkers von der Universität Zürich (Forschungsprojekte der Allgemeinen Pädagogik) sagt deutlich: »Einen empirischen Zusammenhang zwischen Aggression und vernetztem Denken sehe ich nicht.«

Wissen ist Macht, Unwissen macht ohnmächtig

Auf die Weltgeschichte zurückblickend, muss die Tatsache registriert werden, wie Wissen bewusst als Manipulierinstrumentarium angewandt wurde. Bei Lichte betrachtet, dürfte man jedoch auch zur Überlegung gelangen, dass Unwissenheit dienlich für die Beeinflussung war. Gerne wird auf die Nazi-Zeit verwiesen, da ja die dominierenden Schergen nicht dumm oder ungebildet gewesen seien. Nun, waren sie wirklich gebildet? Kann man von Bildung reden, wenn mit großer Wortgewaltigkeit um sich geschlagen und eine gut durchdachte Rhetorik eingesetzt wird? Es ist keine historische Neuentdeckung, wenn beschrieben wird, wie Massen durch inszenierte Dramaturgie in alle gewünschten Richtungen bewegt worden sind. Wie verhielten sich die gebildeten Menschen, oder anders formuliert, die Menschen, die im Bilde waren? Wie viele machten sich ein kritisches Bild? Eine Frage, die nicht befriedigend zu beantworten ist. Allerdings werden in totalitären Systemen diejenigen verfolgt, die hinterfragen, die mehr wissen wollen oder zu zweifeln wagen. Wissen kann Macht generieren oder die Macht entmächtigen. Die Reformation wurde unter anderem durch die in Volkssprachen übersetzten Bibeln möglich. Das Volk begann zu lesen und zu wissen. Es begann Eigenverantwortung wahrzunehmen. Das eigene Schicksal konnte in die eigenen Hände genommen werden. Aus war es mit dem Fatalismus oder dem blinden Vertrauen gegenüber Zeitgenossen, die sich als Seelen- und Wissensverantwortliche sahen. Die daraus wiederum entstandene neue Gewalt durch Kriege, Aufstände und Revolten manifestierte erneut die Begrenztheit des Weiterdenkens. Trotzdem kann Gewalt durch Verständnis verhindert werden. Dieses Verständnis basiert auf Verstehen und Verstehen wiederum auf Wissen.

Bescheid zu wissen ist beruhigend. Ein Aufatmen der Erleichterung geht durch die ICE-Sitzreihen, als der Kondukteur mit lockerer Krawatte und gewinnendem Lächeln dann doch noch mit Red und Antwort für das zögerliche Fahrverhalten erscheint. Als die Fahrgäste zu verstehen geben, wie ärgerlich die Dreiviertelstunde mit stummen Lautsprechern war, sagt der verblüffte Mann: »Das habe ich gar nicht gewusst.«

Erschienen u. a. in: »Tachles« Zürich, 2003

Globalisierung und Religion

Nebst Geld- und Machtgier leistete die Religion in Sachen Globalisierung Pionierarbeit. Mit Kreuz und Schwert fuchtelnd, wurden ganze Kulturen überrannt und niedergetrampelt. Aber im Fernen Osten und unter den Völkern des Südens sah es in der Kolonialzeit nicht anders aus, ebenso im Altertum. Überzeugt vom eigenen Weltbild, versuchte der Mensch immer, andere davon zu überzeugen, und wenn dann noch eine Heilshoffnung durch diese Tätigkeit gestärkt wurde, erst recht. Es liegt nun mal in der humanistischen Natur, dass der Mensch erstens nach Antworten und Erlösung sucht, und zweitens, bei deren Fündigkeit, anderen davon enthusiastisch Mitteilung machen will. Leider nistet sich die Mehrheit in einen kuscheligen Glauben, der für alles eine Antwort weiß. Oft ist die Suche dann abgeschlossen, und der Absolutheitsanspruch würgt jegliches bescheidene Weiterfragen ab.

Der Gründer des Christentums wünschte nun mal das Weitersagen seiner Botschaft, und wenn das heute Missionare zwischen Steppen und Dschungel tun, dann sind die sozialen Auswirkungen kein Vergleich zu den früheren Missionstechniken. Kommt ein Waldbewohner dadurch vom Alkoholismus los, so ist dagegen sicher nichts einzuwenden. Nur die Frage, warum er zum Säufer geworden ist, könnte uns wieder zum Anfang des Kreislaufes führen: Siehe oben.

Zu »Für Gott in alle Welt«, »Spiegel« 52/2003

Über das Deutsche und die Gewalt in der Poesie

Wie steht es um das Deutschtum der Eidgenossen und wie sieht's mit der Lesekultur aus? Was hat die Gewalt in der Literatur zu suchen?
Ein Gespräch mit den Autoren Paulus Böhmer und Thomas Hettche.

Urs Heinz Aerni: Herr Böhmer, Schweizer und deutsche Literatur – schreiben Schweizer anders? Das Schriftdeutsche hemmt manchen Schweizer beim Reden.

Paulus Böhmer: Nebst der Schriftstellerei bin ich auch Veranstalter von Lesungen, und ich habe schon viele Autorinnen und Autoren aus der Schweiz eingeladen und kennengelernt, bin befreundet mit Peter Bichsel und Urs Widmer. Ich muss sagen, wenn diese Herren Schriftdeutsch – wie Sie sagen – reden, also das Deutsch mit dem alemannischen Tonfall, verfalle ich automatisch in Duldungsstarre. Ich möchte gar nichts mehr sagen, sondern nur noch zuhören. Ich bin wirklich hingerissen von diesem Tonfall, und ich habe mir noch nie Gedanken gemacht, ob die Schweizer anders schreiben oder ob es eine besondere Schweizer Literatur gibt in Bezug auf diesen alemannischen Dialekt. Ich glaube das eigentlich nicht.

Herr Hettche, wir Schweizerinnen und Schweizer bestaunen mit verbaler Hemmladung die flinke Zunge der Deutschen.

Thomas Hettche: Aus meiner subjektiven eigenen Erfahrung mit Schweizer Autoren und Freunden kann ich sagen, dass es zu einer großen Genauigkeit in der Sprache führt. Ich unterhalte mich immer sehr gern mit Schweizern, die Hochdeutsch reden. Bei meinen Freunden aus Bern brauche ich schon ein paar Tage, bis ich etwas verstehe. Doch das Hochdeutsche sehe ich als sehr deutlich artikuliert, und meistens ist es auch exakter als das schnoddrig Hingesprochene von Deutschen.

Im Urlaub diskutierte ich mit einem Ehepaar aus Deutschland über dies und das. Auf einmal sagte die Frau zu ihrem Mann: »Liebling, ich wusste gar nicht, dass ich Schweizerdeutsch verstehe.« (Gelächter.) Ich musste dann darauf hinweisen, dass ich mich bemühte, Hochdeutsch zu reden.

Hettche: Das ist ein Kenntnisproblem. Viele Deutsche wissen gar nicht, was Schweizer- und was Hochdeutsch ist. Schweizerdeutsch ist eigentlich kein Dialekt, sondern eine eigene Sprache; auch über die Unterschiede zwischen den Kantonen wissen wenige Bescheid.

Der Kabarettist Emil ist schon etwas mitschuldig. Sein Erfolg in Deutschland bestand aus Hochdeutsch mit schwerem Schweizer Akzent, und das Publikum verstand es als Schweizer Dialekt. Wie ist es mit den Österreichern?

Hettche: Wenn man ein so richtiges Wienerisch hört, versteht man überhaupt gar nichts, zumal ich als Frankfurter.

Böhmer: Die sprechen ja auch aus ihrer Sicht Hochdeutsch, was für uns österreichisch klingt.

Wie beobachten Sie die literarische Entwicklung seit der Auflösung der DDR? Existiert da noch eine imaginäre Grenze?

Hettche: Die Unterschiede bestehen noch ganz massiv. Früher gab es zwei Länder, die Mauer, zwei Rezeptionen, es gab Experten für ostdeutsche Literatur und Experten für die westdeutsche, es gab Fans für diese oder jene Literatur, es gab den Bonus für die Literatur, die unter der Diktatur entstanden ist, im Westen gab es auch mehr die experimentelle Literatur. Mit dem Mauerfall entstand eine Vermischung dieser Kulturen. Seit den letzten paar Jahren boomen die jungen ostdeutschen Dichter und Prosaschriftstellerinnen und Schriftsteller, die jetzt beginnen, ihre Kindheit aufzuarbeiten und mit einem ganz neuen Blick daran herangehen. Wir haben ganz verschiedene Phasen dieses Konflikts, denn er ist nicht ganz ausgestanden und wird in absehbarer Zeit nicht ausgestanden sein.

Kann Literatur zur Verständigung beitragen? Wird sie dafür genutzt, oder schreibt einfach jeder auf seine Mühle?

Böhmer: Ich sehe diesen Unterschied nicht so deutlich, wie es Thomas Hettche formuliert hat. Ich glaube, dass der Unterschied oft eine Behauptung des Literaturbetriebs ist. Nehmen wir Durs Grünbein: Wenn man nicht wüsste, dass er aus dem Osten kommt, käme man niemals auf die Idee, dass er ein ostdeutscher Autor gewesen ist.

Hettche: Ich bin nicht derselben Meinung. Ein großes Kennzeichen der ostdeutschen Autoren ist, dass sie ganz große klassische Bildung aufweisen. Durs Grünbein, aber auch Ingo Schulze sind viel stärker mit der klassischen Literatur aufgewachsen und verordnen sich den Traditionslinien, die die westdeutschen Autoren nicht mehr kennen. Marcel Beyer oder Thomas Kling haben zwar ihre Favoriten oder Bezugspunkte in der Literaturgeschichte, würden aber sich selber aber nicht in so einer historischen Dimension sehen. Das ist schon ein Ostphänomen. Ich habe schon in Gesprächen mit ostdeutschen Autoren erlebt, wie sie ganze Gedichtzyklen auswendig aufsagen konnten. Sie beherrschen Memotechniken, die im Westen längst verloren sind. Also in allen Variationen können Unterschiede festgestellt werden.

Böhmer: Das ist wahr. Das kann man beispielsweise bei Wolfgang Hilbig nachträglich feststellen. Sobald er in den Westen kam, fing er an, wie ein Wahnsinniger zu lesen, alle Bildungsliteratur, die ihm in die Hände fiel, hat er aufgesogen, was er noch immer tut. Das ist ganz aufdringlich bei ihm.

Früher wurde mehr gelesen, wird gesagt, auch in der alten DDR las man mehr Bücher als heute. Dieses Leseverhalten wird aufgeweicht durch die neuen Medien und die Veränderungen der Gesellschaftsstrukturen.

Hettche: Die Literatur hatte in der DDR sicher ihre emphatische Bedeutung, als Kassiber des Oppositionellen, als Lebenszeichen in die Freiheit hinaus, um es mal so zu sagen. Mit dem Fall der Mauer, mit dem Ende des Sozialismus hat die Literatur im deutschsprachigen Raum endgültig ihre aufklärerische Bedeutung eingebüßt. Das ändert natürlich das Leseverhalten sowie das Verhältnis zum Buch. Es verändert natürlich auch die Würde des Literaten in der Öffentlichkeit, die großen moralischen Instanzen, die wie Günter Grass noch heute einzunehmen gewillt sind, manchmal mit großen Schwierigkeiten. Das geht nicht mehr. Das ist vorbei. Literarische Bildung war bis in die kurze Vergangenheit der Zutritt zu Renommee, zu Geld. Heutzutage ist Bildung nicht mehr notwendig, um zu den Tops gehören zu können, das heißt, die Literatur hat auf ganz vielen Ebenen an Bedeutung eingebüßt. Dass die Menschen weniger lesen, ist für mich absehbar. Man informiert sich am Bildschirm und visuell, da es so schneller geht und dazugehört.

Die regelmäßigen Umfragen, wie zuletzt die Pisa-Studie, zeigen immer wieder auf, wie es um die Lesekompetenz schlecht bestellt ist. Soll von der Literatur her diesbezüglich mehr unternommen werden? Soll vermittelt werden, wie Lesen Spaß machen kann und nicht den Schulmief mit sich tragen muss?

Hettche: Die Literaturvermittlung war nie so einfach wie heute. Da gibt es die Hörbücher, die Verfilmungen und andere Darstellungstechniken. Es gibt Literatur-Events ohne Ende mit Schauspielern, mit Musik; kurzum: Literatur war noch nie so einfach konsumabel wie im Augenblick. Ich denke, dass ernsthafte Autoren nicht viele Möglichkeiten haben, man kann nicht mehr, als möglichst gut schreiben und Verfilmungen zustimmen. Man kann jetzt keine Texte fabrizieren, die dann mehr Leser finden, weil sie einfacher sind, das wäre ja auch nicht die Literatur, die ich schreiben möchte. Insofern sind da Grenzen gesetzt. Man ist einfach ein Teil einer aussterbenden Gattung.

Böhmer: Das werden wir nicht mehr erleben.

So sitze ich nun mit zwei Dinosauriern hier am Tisch.

Hettche: Dass Sie hier so ein Gespräch aufzeichnen, das länger als zwei Minuten dauert, qualifiziert Sie auch als Dinosaurier.

Gewalt spielt in Ihren Gedichten, Herr Böhmer, eine beeindruckende bis erdrückende Rolle.

Böhmer: Mein Spezialgebiet ist die Gewalt nicht. Ich verstehe allerdings, dass man bei der Lektüre auf die Idee kommen könnte, weil ich nichts ausspare. Keinesfalls würde ich es als krass bezeichnen. Ich schreibe Langgedichte, das heißt, ich habe große Möglichkeiten, sehr viel Welt in meine Texte einzubringen. Wir sind von Gewalt umgeben und leben in einem entsprechenden System, auch in einem Kosmos, der auf Gewalt gründet. Fressen und gefressen werden. Deshalb kann ich das nicht aussparen.

Herr Hettche, in Ihrem Buch »Der Fall Arbogast« ist ebenfalls eine Art von Gewalt präsent.

Hettche: Das Buch erzählt von einer Kriminalgeschichte aus den Fünfziger- und Sechzigerjahren, die sich im Schwarzwald zutrug. Die damalige Ost-West-Beziehung, die Rolle der Gerichtsmedizin, die Bedeutung der Begutachter und eine Liebesgeschichte sind Bestandteile des Romans.

Schon die ersten beiden Kapitel sind bemerkenswert, denn sie demonstrieren, wie auf unterschiedliche Art auf dasselbe Objekt – im ersten Kapitel war es noch ein Subjekt – mit unterschiedlichem Wortschatz herangegangen werden kann. Im ersten Kapitel ist es die leidenschaftliche und emotionelle Perspektive, im zweiten die analytische und kriminalwissenschaftliche.

Hettche: Im Kriminalroman gibt es immer den nüchternen Fall. Die Story beruht auf einem historischen Fall, von dem ich die Akten studieren durfte. Dieses Material konnte ich auch verwenden. Im ersten Augenblick liest es sich schlimm, wie die beiden Ärzte die Leiche untersuchen und öffnen, zugleich erzählt dieser Körper auch eine ganze Geschichte.

Wie groß muss der Platz der Gewalt in der Literatur sein? Haben wir im Leben nicht schon genug davon? Liest man die Tagespresse, so reiht sich Schock an Schock.

Böhmer: Gewalt in der Literatur ist eine Art von Bewältigung. Man kann sich fragen, wie die Gewalt in der Literatur darstellbar sein soll oder kann.

Hettche: Der Schock und Schrecken beim Lesen der Zeitungsmeldung hilft ja nicht weiter. Die Frage stellt sich, wie man das umsetzen soll ...

Böhmer: ... und wie man das einordnen kann und wie Zusammenhänge hergestellt werden können. Gewalt ist in jeder Beziehung, in jeder Sekunde vorhanden. Je sensibler, umso mehr wird dies empfunden. Es kann sein – und das kann ich nachvollziehen –, dass die Pizzareklame im Briefkasten bereits als Gewaltakt begriffen wird.

Nun, das ist doch der Lauf der Natur, »Fressen und gefressen werden«. Außer dem Menschen hinterfragt niemand diese Tatsache. Wir Menschen besitzen die Möglichkeit zu moralisieren. Wir fragen uns nach dem Warum oder was man dagegen tun kann. Oder man lehnt sich zurück mit dem Motto: »Das gehört zum Leben, und basta.«

Hettche: Es ist ja nicht so, dass die Natur empfindungslos wäre, nur weil sie nicht verbalisieren kann. Jedes Tier, das leidet, empfindet das Leiden sicher nicht als positiv. Und da ist unsere Notwendigkeit, uns zu verhalten, da wir werten können. Die Moral ist ja nicht einfach für sich da, sie ist gebunden an das Leid der Kreatur. Weil wir das Leid sehen, sind wir verpflichtet, es auszudrücken.

Wir humanisieren also die Tierwelt. Oder denkt das Rehkitz im Gebiss des Wolfs an sein vergangenes Leben und was mit der Familie passieren wird?

Hettche: Den Schmerz kennt es mit Sicherheit, und es erkennt mit Sicherheit die Situation, dass es mit dem Leben zu Ende geht, und das ist nicht positiv. In den seltensten Fällen (lacht).

Und doch ist es ein Lebensmuss für den Wolf.

Hettche: Ich glaube, das Muss ist bei keinem Lebewesen, das leidet, ein Trost. Jeder Schmerz wird nicht besser mit der Gewissheit, dass er sinnvoll ist. Weil er nicht sinnvoll sein kann. Das Leiden ist der Skandal im Leben. Ob im Leben des Menschen oder eines Rehkitz.

Böhmer: Dass das Leiden ein Skandal ist, das kann eben nur der Mensch sagen und ausdrücken. Das ist vielleicht der einzige oder der große Unterschied zwischen uns und dem Rehkitz.

Ging etwas schief?

Hettche: Natürlich! Es ist eine Unverschämtheit, dass es Leiden gibt.

Böhmer: Jetzt kommen wir zur Religion oder zur Frage, ob es Gott gibt oder nicht. Und das ist ... ein weites Feld.

Paulus Böhmer *ist Lyriker und wurde 1936 In Berlin geboren. Unter seinen zahlreichen Veröffentlichungen seien hier »Wäre ich unsterblich« und »Kaddish XI – XXI« zur Lektüre empfohlen.*

Thomas Hettche *wurde 1964 in Treis bei Gießen (Deutschland) geboren und wurde u. a. durch die Bücher »Inkubation« und »Der Fall Arbogast« als Schriftsteller bekannt.*

Leukerbad im Sommer 2001

Was antwortet man einem bekennenden Nichtleser?

Ich traue meinen bebrillten Augen nicht. Da bekomme ich doch eine E-Mail, in der ein junger Mann zugibt, dass er nicht gern lese und überhaupt Bücher überflüssig seien. Und das schreibt der mir, dem militanten Leseförderer und subversiven Bücheragenten. Was soll ich tun? Antworten? Wenn ich antworte, dann laufe ich Gefahr, mit erhobenem Zeigefinger zu schreiben – was allerdings mit dem Zehnfingersystem eine Herausforderung bedeutet. Ich könnte ihn bemitleiden und ihm zeigen, was er alles verpasse. Das »Kino im Kopf«, das Spiel mit der Sprache, die Anspielungen zwischen den Zeilen oder schlicht den Genuss, ein lärmfreies Hobby zu betreiben. Aber ob das diesen lesefaulen Knaben hinter dem PC hervorlockt? Diesem Nichtleser muss geholfen werden. Ihm müsste man die Fernbedienung aus der Hand schlagen, den Internetzugang verbarrikadieren und ihn in eine Bücherei einsperren, bei Wasser und Brot ... Sie schütteln den Kopf? Sie haben Recht. Solche archaischen Methoden führen höchstens dazu, dass er mir den vierundzwanzigbändigen Brockhaus um die Ohren haut. Lieb zureden müsste man ihm vielleicht. Zeigen, wie Lesen zum Leben gehört. Dass Leben ohne Lesen kein Leben ist. Oder wie lustvolles Lesen ganz lustig sein kann. Wie sagt man so schön? Wer liest, genießt. Ich würde ihm väterlich den

Arm um die Schultern legen, ihm die langen Bücherregale in der ZB oder in einer schönen Buchhandlung vorführen. Erklären, dass hier Welten lagern und darauf warten, entdeckt zu werden. Doch ich seh's kommen. Er schaut die Bücherwand hoch und sagt: »Nö, nix für mich. Geh lieber gamen.« Ich geb auf. Ich brauche Ihre Hilfe. Was soll ich dem jungen E-Mailer antworten?
Haben Sie eine Idee? ursaerni@web.de.

Erschienen in: »Tagblatt der Stadt Zürich« 2001

„Lenzerheide ist ein wichtiger Teil meines Lebens“

Stefan Weidle ist erfolgreicher Verleger aus Bonn, der aber immer wieder hierher findet. Wir stellten Fragen, auch zur Welt der Bücher.

Urs Heinz Aerni: Anfangs der 1990er Jahren gründeten Sie Ihren Verlag, dessen Profil die Exilliteratur stark prägt. Nun, Sie selber leben als Schwabe in Bonn, wo auch der Verlag sitzt und, Sie verbringen seit ewiger Zeit regelmäßig Wochen hier in Lenzerheide. Es scheint, Sie versuchen einem Exil-Leben nachzuempfinden. Oder nicht?

Stefan Weidle: Wenn man in den 50er und 60er Jahren in Schwaben aufwuchs, blieb einem gar nichts anderes übrig, als so rasch wie möglich da wegzugehen, der Enge und Engstirnigkeit, der Spießigkeit und Sparsamkeit, der Kehrwoche und der Kontaktarmut zu entfliehen. Aber das ist freilich etwas ganz anderes als das erzwungene Exil, dem später mein Hauptaugenmerk galt: Ich wollte wissen, was 1933 geschehen war und was mit dem Teil der Generation meiner Eltern und Großeltern, der nicht naziinfiziert war, passierte. Vielleicht ließen sich ja da Traditionslinien finden, an die man anknüpfen konnte.

Aerni: Und...?

Weidle: Ja, ich fand sie. Ein Buch wie »Berlin, April 1933« von dem Emigranten Felix Jackson ist leider gerade heute wieder höchst aktuell, deswegen haben wir es neu aufgelegt.

Aerni: Sie haben die Entwicklung des Kantons Graubünden seit all den Jahren beobachten können, gibt es Tendenzen, die Ihre Stirn runzeln lassen?

Weidle: Nun, ich komme seit 1964 auf die Lenzerheide, in der Zeit ist freilich viel passiert. Ich habe den Aufschwung des Tourismus miterlebt, die Ausbreitung der Skigebiete, auch den vielfach rücksichtslosen Umgang mit Natur und Architektur. Lenzerheide war ein einigermaßen verschlafenes Örtchen, als ich kam, heute ist es eine Touristenmetropole. Man kann nur hoffen, dass nicht auch noch Kreuzfahrtschiffe auf dem Heidsee festmachen. Am schlimmsten, weil als weitgehenden Eingriff ins Landschaftsbild, habe ich die Anlage der beiden künstlichen Seen zur Pistenbeschneiung empfunden. Ich hoffe, dass bald ein Umdenken in Richtung sanfter Tourismus erfolgt, der Parc Ela ist ein gutes Vorbild dabei.

Aerni: Wenn Sie bei Ihrem Buchgestalter Friedrich Forssman in Kassel sitzen - der übrigens bei jedem Titel für eine Augenweide sorgt – was sagen Sie ihm, wenn er fragen sollte, wie es so war, in Graubünden?

Weidle: Ich habe ihn einfach mitgenommen. Es gefiel ihm natürlich sehr gut hier, nach wie vor ist der Charme dieser Landschaft ganz unwiderstehlich. Lenzerheide ist ein wichtiger Teil meines Lebens, und ich fühle mich seit der Kindheit hier zu Hause. Wir haben oft Freunde zu Besuch. Darf ich Rilke zitieren?

Aerni: Ich bitte drum!

Weidle: »Ausgesetzt auf den Bergen des Herzens«. Das habe ich oft auf Ansichtskarten geschrieben, die ich von hier verschickt habe.

Aerni: Sie sind schon lange im Buchgeschäft, zusammen mit Ihrer Frau Barbara Weidle, die den Verlag mit Ihnen führt und auch in der Literaturvermittlung tätig ist. Hand aufs Herz, wie steht es mit unserer Buchkultur?

Weidle: Es steht nicht zum besten. Wir kämpfen mit sinkenden Verkaufszahlen, mit schwindenden Buchhandlungen, mit der Übermacht der Buchhandlungsketten wie der Online-Shops. Und uns gehen die Leser verloren: Die älteren sterben weg, und jüngere Leser wachsen kaum nach. Das Buch ist das Herz unserer Kultur. Wenn es stehenbleibt, muss ein anderes Organ übernehmen, aber welches? Das gedruckte Wort - und hier sind Zeitungen mitgemeint - hat jahrhundertelang unsere Erfahrung geprägt. Das lässt sich nicht von Fernsehserien übernehmen, selbst wenn sie so nieveauvoll sind wie einige, die ich gesehen habe. Das sind durchaus die Epen der Gegenwart, aber es gibt eben über das Epos hinaus noch andere wichtige Genres wie Lyrik und Essay. Vom Roman mal ganz zu schweigen. Den hat mein Hausgott Heimito von Doderer mal »die Wissenschaft vom Leben« genannt.

Aerni: Die Schweiz mit ihren, na sagen wir mal knapp 5 Millionen Deutschlesenden, ein ziemlich kleiner Markt. Gibt es auch noch andere Unterschiede im Vergleich zu Bayern, Thüringen oder Tirol?

Weidle: Die Schweiz ist ein schwieriger Markt, der durch die Abschaffung der Buchpreisbindung sehr gelitten hat. Und der für uns kleinere unabhängige Verlage auch noch schwer zu bespielen ist, weil die deutschen Portokosten ins Unermessliche gestiegen sind. Wenn ich ein schmales Buch als Brief an einen Buchhändler oder Journalisten schicke, dann kostet das 3,70 EUR, die Büchersendung ist kaum billiger. Amazon bekommt diese Leistung praktisch umsonst, warum auch immer. Den Buchhandel beliefern wir über unsere Auslieferung, die viele Verlage im Angebot hat, so wird es billiger. Auch die Barsortimente KNV und Libri liefern in die Schweiz.

Aerni: Auch hier in Graubünden kämpfen gute Seelen fürs Buch. Chur hat eine neue grandiose Stadtbibliothek, die Buchhandlung Wega in St. Moritz konnte gerettet werden, die Buchhandlung Kunfermann in Thusis genießt einen famosen Ruf und das Hotel Schweizerhof in Lenzherheide lädt über Ostern zur hoteleigenen Buchmesse ein. Was tun Sie gegen die Resignation im Glauben an die Zukunft mit Buch?

Weidle: »The only thing I know how to do is to keep on keeping on«, sagt Bob Dylan (auch Hausgott bei uns). Ich mache das jetzt seit 25 Jahren, und wenn ich zum Pessimismus neigte, würde ich schon längst das Metier gewechselt haben.

Aerni: Aber Sie machen weiterhin Bücher...

Weidle: Ich glaube an die Zukunft des Buches. Irgendwann wird das Bedürfnis nach Entschleunigung so groß geworden sein, dass zum Buch als Therapeutikum gegriffen wird. Und wir erreichen ja durchaus viele Menschen. Gerade jetzt sieht man an den Publikationen zu Donald Trump in den USA - und hier- , wie wichtig Bücher sind, das, was da verhandelt wird und werden muss, lässt sich eben nur in Buchform verhandeln. Die Schweiz hat dazu noch eine strukturelle Verlagsförderung, was die Sache deutlich vereinfacht. Wir können das aus EU-rechtlichen Gründen nicht nachahmen, bekommen aber ab diesem Jahr einen recht hoch dotierten bundesweiten Verlagspreis und haben mit dem Deutschen Buchhandlungspreis ein Instrument zum Schutz der inhabergeführten unabhängigen Buchhandlungen.

Aerni: Bekanntlich ist die Produktion von neuen Manuskripten immens, die Kurse zu Kreativem Schreiben sind gut gebucht und die Literarschulen in Biel oder in Hildesheim genießen eine ebensolche Nachfrage. Was raten Sie den schreibenden Zeitgenossen als Verleger?

Weidle: Versuchen Sie loszukommen von der zwanghaften Sucht, sich selbst zu betrachten. Schauen Sie stattdessen auf die Welt. Und schreiben Sie nur Bücher, die Sie schreiben müssen!

Aerni: Gibt es einen Lieblingsort hier in Graubünden zum Lesen und vielleicht einen anderen zum Lektorieren?

Weidle: Zum Lesen mein Balkon in Lenzerheide oder eine Bank am oberen Höhenweg zwischen Scalottas und Alp Lavoz. Möglichst eine ohne Aufschrift. Zum Lektorieren und Interviews Geben mein Schreibtisch mit Blick aufs Rothorn und die Alp Sanaspans; mein Lieblingsort im Sommer.

Stefan Weidle *stammt aus Baden-Württemberg, gründete 1993 den gleichnamigen Verlag mit Sitz in Bonn, den er zusammen mit seiner Frau Barbara Weidle führt. Das Verlagsprogramm beinhaltet Exil-Literatur der 1920er und -30er Jahren aber auch zeitgenössische Literatur mit Übersetzungen aus vielen Ländern. Nebst zahlreichen Auszeichnungen für das literarische Engagement erhält der Verlag viel Lob über die grafische Gestaltung der Bücher. Dank seinen Großeltern bewohnen Stefan und Barbara Weidle regelmäßig eine Wohnung in Lenzerheide.*

Schreiben als Verlangsamung des Lebens

Die Autorin Anja Berger stellt Fragen.

Anja Berger: Sie schreiben an einem neuen Buch. Wie heißt es und worum geht es?

Urs Heinz Aerni: Keinen Roman, keine Gedichte, sondern ein Wiederverwertung für Lesende, die weder die Bündner Woche lesen noch meinen Blog kennen. Der Titel wird nicht mehr „Bivio - Leipzig“ lauten aber es wird wiederum ein Sammelsurium von Texten sein, so quasi ein persönliches Feuilleton.

Berger: Wie viel Autobiographisches steckt in Ihren Büchern?

Aerni: Wenn ein Mensch schreibt, dann puddelt er in seinem persönlichen Steinbruch. Dabei lösen sich Steine, die dann zu Themen mutieren, über die nachgedacht und dann vielleicht geschrieben wird.

Berger: Ich vermute, Sie schreiben täglich. Dazu braucht es viele Ideen. Woher nehmen Sie diese Ideen, die Inspiration für Ihre Bücher und Ihre Texte?

Aerni: Tägliches Lesen ist fast wichtiger als tägliches Schreiben. Das Sprachsensorium gestaltet sich durch das Zuführen von guten Texten, die manchmal lange gesucht werden müssen. Da findet sich in einer regionalen Zeitung ein wunderbarer Artikel in wohlformulierten Worten und anderswo einen langweiligen Text über einen Promi in einem Massenblatt. Kurz und gut, eine Kolumne, ein gutes Buch oder das Mithören eines Gespräches in der S-Bahn können Stoffe sein, mit denen dann gewoben wird, beim Schreiben.

Berger: Warum schreiben Sie? Was fasziniert Sie daran? Gab es einen besonderen Auslöser, der Sie zum Schreiben brachte?

Aerni: Das Schreiben kann eine Verlangsamung des Lebens sein oder anders formuliert, das textliche Erfassen von persönlich Erlebtem verlängert die Halbwertszeit des verlebten Momentes. Ob das Schreiben das reale Leben gefühlsmäßig doppelt so lang macht, werde ich Ihnen mit 89 sagen können.

Berger: Und noch eine Bonusfrage: Was schreiben Sie lieber? Bücher oder Texte für Zeitungen und Magazine?

Aerni: Ganz klar, für Magazine und Zeitungen oder eben einen Beitrag in einer Anthologie. Schriftsteller ist nicht mein Beruf, sondern der des Journalisten, Kolumnisten oder Reporters. Wenn sich das ändern sollte, dann lade ich Sie zu meiner Buchpräsentation herzlich ein.

***Anja Berger** wurde im April 1983 in der Schweiz geboren, wo sie in der Nähe von Basel mit ihrer Mutter und zwei älteren Schwestern aufwuchs. Nach dem Besuch der Handelsmittelschule absol-*

vierte Anja Berger die kaufmännische Berufsmaturität. Im Alter von acht Jahren verlor Anja Berger ihren Vater – ein wegweisendes Ereignis, aufgrund dessen sie letztendlich zu schreiben begann. Bis aber alle Faktoren stimmten, damit aus einer Idee ein fertiger Roman wurde, vergingen noch über zehn Jahre. Seither hat Anja Berger sechs Romane verfasst und textet, wann immer sie kann. Am liebsten schreibt die Schweizerin, wenn sie unterwegs ist. Egal ob in ihrem Heimatland, in Vietnam, in Australien oder auf Kuba, der Laptop hat einen festen Platz in ihrem Gepäck.

Urs Heinz Aerni wurde 1962 in Baden (Schweiz) geboren und lebt als freier Journalist, Kulturagent, Kommunikationsberater, Veranstalter und Vogelbeobachter in Zürich. Mehr Informationen über sein Schaffen und Wirken finden Sie hier: www.ursheinzaerni.com und als abonnierbaren Blog www.sondierung.com

Mein Dank:

Ein besonderer Dank gilt meiner Liebsten, Jacqueline, die mich während Jahrzehnten trägt!

Ein herzliches Dankeschön an Fabienne Leisibach in Zürich für die Sichtung der Ausgabe „Bivio – Leipzig“ (2010) und Anja Berger in Basel sowie Donata Kinzelbach in Mainz fürs Lektorat dieses Buches.

Ein wichtiger Inspirations- und Arbeitsort war und ist das Hotel Schweizerhof in Lenzerheide, für das ich seit nicht wenigen Jahren das Kulturprogramm gestalten darf. Dem Gastgeberpaar Claudia und Andreas Züllig sei hier ein riesiger Dank ausgerichtet für die beste Zusammenarbeit, die man sich nur wünschen kann!
www.schweizerhof-lenzerheide.ch

Weitere Publikationen von Urs Heinz Aerni als Autor und Herausgeber oder mit Beitrag (Auswahl)

„Graubünden Quiz“, Grupello Düsseldorf, 2020

„Unterwegs – 25 Gute-Fahrt-Geschichten“, Anthologie, VBG Glattbrugg, 2018

„Zürich Quiz“, Grupello Düsseldorf, 2. Auflage 2017

„10 Jahre Hamam“ (Anthologie und Interviews) Hotel Schweizerhof Lenzerheide, 2017

„Visionen Graubünden 2050“, Anthologie, Somedia Chur, Anthologie, 2016

„Zimmerservice“ (Mitherausgeber) Hotel Schweizerhof Lenzerheide und Knapp Olten, 2015

„Der Fluss unbekümmert“ (Mitherausgeber), Modo, Freiburg i. Brsg. 2014

„Wann ist genug genug?“ (Herausgeber), Rothus Solothurn, 2013

„Das Chancenplus war ausgeglichen“ Anthologie, Knapp Olten, 2012

„Die Schweiz“ Anthologie, Allmende Karlsruhe, 2012

„Blüten“ Herausgeber, Entwürfe Zürich, 2012

„Bivio – Leipzig“ Knapp Olten, 2010

„Literatur im Gespräch“, Herausgeber, 25 Jahre züri littéraire, Entwürfe Zürich, 2010

„Wien“, Mitherausgeber, Entwürfe Zürich 2010

„Literaturvermittlung“ Beitrag Anthologie, UTB Wien, 2009

„Familienorganisation“, Hörbuch, Sprecher, Alieno Hagendorn 2008

„Wunschkolumnen – oder hast Du’s Dir anders vorgestellt?“ mit Rolf Lyssy, EinfachLesen Bern, 2007

„Liebe 160“ Anthologie (Mitherausgeber), Nagel & Kimche Zürich, 2003

Inhalt

Elias Schneitter &
Helmuth Schönauer (Hg.)

AUSTRIAN BEAT

Edition BAES 2018
Paperback, 276 Seiten
ISBN 978-3-9504419-5-6

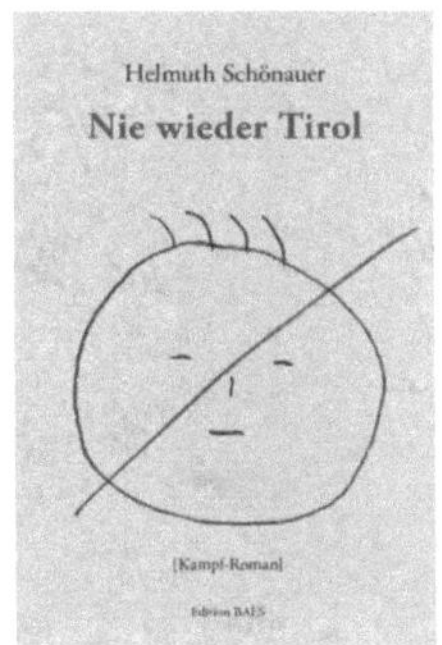

Helmuth Schönauer

Nie wieder Tirol

Edition BAES 2018
Paperback, 144 Seiten
ISBN 978-3-9504419-6-3

Arno Heinz

Samowar & Huflattich

Edition BAES 2019
Paperback, 96 Seiten
ISBN 978-3-9504419-7-0

Elias Schneitter

Fußball ist auch
bei Regen schön

Edition BAES 2019
Hardcover, 84 Seiten
ISBN 978-3-9504833-2-1

Bestellungen: www.bod.de/buchshop
www.edition-baes.com

www.edition-baes.com